Johanna Tippkemper

Der Herzstern

Johanna Tippkemper

Der Herzstern

Einweihungsweg zur Selbsterkenntnis

Handbuch zu den 13 Resonanzkarten

// SILBERSCHNUR //

© Copyright Verlag »Die Silberschnur« GmbH

ISBN 978-3-89845-258-8

1. Auflage 2009

Gestaltung & Satz: XPresentation, Boppard
Druck: Finidr, s.r.o. Cesky Tesin

Silberschnur Verlag • Steinstraße 1 • D-56593 Güllesheim
www.silberschnur.de • Email: info@silberschnur.de

Inhaltsverzeichnis

Dank

Danke möchte ich aus ganzem Herzen allen meinen Geistführern und meiner Geistführerin Mutter Maria sagen,
die mich durch alle Windungen, über alle Hürden, Stolpersteine
und sonstigen Schwierigkeiten meines Lebens geführt und getragen
haben und immer noch mit mir an der Verfeinerung meiner Seele
arbeiten. Ich danke Maria ganz besonders für ihre Geduld, ihre Liebe und für ihre Botschaften und Meditationen, die sie an alle Leser gerichtet hat.

Ich danke den Aufgestiegenen Meisterinnen und Meistern für die
Inspiration zu diesem Buch und den vielen Botschaften, die es mit
so viel Liebe gefüllt haben.

Auch danke ich unserer Mutter Erde, allen Wesen der Elemente
und allen Wesenheiten, deren Botschaften dieses Buch bereichern.
Es war für mich eine besondere Zeit der Freude und des Glücks,
wenn diese Botschaften durch mich flossen.

An dieser Stelle möchte ich auch meine spirituelle Lehrerin, Frau
Elisabeth Dude, erwähnen, die mir über viele Jahre hinweg in ihren
Kursen die geistige Welt erfahrbar machte und mir durch das Üben
des Channelns Vertrauen in diese Form der Kommunikation mit meinen Geistführern gab.

Mein besonderer Dank gilt meinen beiden Töchtern Nina und
Jane für ihre Geduld, wenn sie meine Zeichnungen am Computer
bearbeiteten, immer wieder änderten und vervollständigten, bis ich
endlich zufrieden war.

Ich danke auch meinem Mann Norbert für seine große Unterstützung, da er mir den nötigen Rahmen, den ich für die vielen kreativen Arbeiten an meinem Buch brauchte, zur Verfügung stellte.

Ich möchte auch meiner spirituellen Gruppe danken, denn durch unsere gemeinsame Arbeit sind viele Gedanken, Ideen und nützliche Anregungen in mein Buch mit eingeflossen.

An Marie-Theres ein besonderes Dankeschön für die vielen Tipps und Gedanken und nicht zuletzt für die Korrektur des Manuskriptes.

Auch Erika sage ich danke für ihre wertvolle Hilfe und das feinfühlige Erproben der Resonanzkarten.

Schließlich sei noch Herrn Huber sen. und Herrn Huber jun. und dem Team des Silberschnur-Verlages dafür gedankt, dass sich dieses Herzsternprojekt auf unserer irdischen Ebene manifestieren kann. Darüber bin ich überaus glücklich.

Allen Lesern dieses Buches möchte ich ebenfalls danken, denn mit diesem Herzstern-Projekt tragen sie ihre Liebe in die Welt und tragen somit zur Heilung des feinstofflichen Herzens von Mutter Erde und ihren Wesen bei.

Johanna Tippkemper

Vorwort von Mutter Maria

Meine geliebten Kinder dieser Erde, ich grüße euch, Friede sei mit euch, und Friede sei in euren Herzen. Ihr, die ihr euch so nach Liebe sehnt, folgt der Weisheit eures Herzens und sucht die Wahrheit nicht in äußerlichen Dingen. Ich liebe euch sehr, und ich bin es, die immer wieder Menschen aufsucht, die mich hören und annehmen können, damit eine Kommunikation mit unseren Ebenen möglich ist. Es ist gar nicht so schwer, wie viele von euch denken mögen, denn wie ihr in diesem Buch erfahren werdet, sind alle Seinsebenen miteinander durch energetische Gitternetze der Erde und durch elektromagnetische Schwingungen des Kosmos verbunden. Indem ihr auf der Erde wandelt, seid ihr Mittler zwischen diesen Welten. Versteht, ihr seid Sender und Empfänger zugleich. Und wenn euer Bewusstsein für diese Wellenlängen geöffnet ist, empfangt ihr zum Beispiel auch unsere Botschaften.

In den vielen, vielen Jahrtausenden, seit der Mensch die Erde bewohnt, ist dieses alte Wissen immer wieder an die Oberfläche gekommen und auch wieder verloren gegangen durch Manipulation und teilweise durch die Unreife der Menschheit. Dies hat letztendlich auch den Untergang der Hochkulturen verursacht.

Jetzt zu Beginn dieses neuen Jahrtausends, steht die Menschheit wieder an einem Wendepunkt. Die Anzeichen dafür sind erkennbar. Viele Ereignisse haben euch schon gezeigt, dass die Erde in Bewegung ist, und die Naturgewalten haben euch aufgezeigt, dass hier ein Umkehrungsprozess in Gang geraten ist. Wir sehen mit Besorgnis, dass trotz dieser Vorzeichen die Mehrheit der Weltbevölkerung immer noch nicht einsichtig genug ist, der Erde zu helfen. Dies liegt zum einen an der Unwissenheit der Menschen, zum anderen auch an einem gewissen Maß von Bequemlichkeit. Dies führt zu Spannungen

Ostern im Jahr 2007

Das Jahr 2007 = 2+7=9
Das 9. Licht ist geboren. Das Licht der göttlichen Weisheit durchflutet unser SEIN.

Aus dem Sanskrit-Wörterbuch
MA: das mütterliche Prinzip
RI: die Grenzenlosigkeit
A: die (göttliche) Urkraft

Mutter MARIA bedeutet für uns auch: die Morgenröte des neuen Zeitalters, das alles verändernde Prinzip der göttlich-weiblichen Liebe.

im Aufstiegsgeschehen der Erde. Die Erde will nun weiter in höhere Dimensionen, wie es der göttliche Wille vorsieht. Ihr feinstoffliches Herz ist verletzt, teils durch Unwissenheit und Lieblosigkeit, mit der die Menschen die Räume der Natur behandeln. Was wollt ihr euren Kindern in Zukunft bieten?

Wir mahnen euch, denkt nach, wozu seid ihr hier? Eure Seele ist bekümmert, wenn ihr ihren Ruf nicht hören könnt. Ich bitte euch sehr, schaut einmal in eure Herzen, sucht den Frieden dort, in eurem tiefsten SEIN.

Fragt euch einmal nach dem Sinn und Zweck eures Daseins hier auf der Erde, und horcht auf die leise, liebevolle Stimme eures Herzens. Einzig und allein über euer Herz könnt ihr alle wichtigen Entscheidungen treffen.

Der Verstand ist dazu gedacht, danach die entsprechenden Schritte systematisch zu durchdenken.

In dieser Zeit wird es für jede Seele wichtig, den Zugang zum eigenen Herzen zu finden und die Energien in Gleichklang zu bringen. Dies bedeutet für euch, auch darauf zu achten, was in eurem Bewusstsein auftaucht, und jeden Gedanken, der nicht liebevoll ist, schnell wieder zu entlassen.

In dieser Wandlungsphase erhöht sich die Energie ständig, und ihr merkt dies ganz besonders in euren Empfindungen für die Zeit. Ihr glaubt, die Zeit beschleunigt sich, doch in Wahrheit ist es die Schwingungserhöhung auf eurer Erde. Im diesem Buch sind für euch verschiedene Ebenen aufgezeigt, die euren Entwicklungsprozess fördern können. Hier habt ihr eine profunde Übersicht uralter kosmischer Weisheiten. Diese Wahrheiten haben ewig Bestand und lassen sich von der Menschheit nicht verändern, denn es sind kosmische Gesetzgebungen göttlicher Ordnung.

Das Projekt dieses Herzsternes ist ein Projekt der Großen Weißen Bruderschaft, dessen Schirmherrin ich bin. Hanne ist das Medium für dieses Projekt. Vieles wird euch auf den nächsten Seiten beschrieben, und weitere Bücher folgen.

Ich bitte euch, hört auf meine Worte, spürt die tiefe Liebe, die ich für alle Menschen empfinde. Ihr seid alle meine Kinder, und alle Kinder dieser Erde brauchen Liebe. Ich segne dieses Projekt und segne auch dich, der du meine Worte liest.

Gehet hin, und lebt die Liebe,
eure Mutter Maria"

Vorbemerkung

Schwingung(en) sind Wellenlängen, bei deren Ausbreitung Energie transportiert wird.

Hohes Selbst:
Eigener göttlicher Teil in uns, die »ICH BIN-Kraft.«

Maha Cohan bedeutet »großer Lenker«.

Der "Herzstern der universellen Liebe" ist eine Reflektion unserer menschlichen Seele, er führt uns zurück zum Ursprung. Der zwölfstrahlige Herzstern repräsentiert die wundervolle Liebe Gottes durch die Engel, Erzengel, Aufgestiegenen Meister sowie durch alle Wesen der Elemente, des Ätherreiches und aller Erd- und Natur-, Mineral- und Erzreiche. Das bedeutet, die Liebe aller Seinsebenen umhüllt uns durch diesen Stern und führt uns behutsam ein in die Mystik allen Lebens.

In diesem Herzstern ist das uralte Wissen des Universums enthalten, das dem Menschen jede einzelne Ebene offenbart. Wir können den Stern auch als Jakobsleiter oder Jakobsweg bezeichnen, durch den wir auf unserer ureigensten Entwicklungsstufe abgeholt werden, um Stufe für Stufe zu unserem höchsten Ziel zu gelangen: in die Einheit mit Gott.

Die sehr hohe energetische Schwingung und die tiefe Liebe, die von diesem Stern ausstrahlen, öffnen unser Herzchakra und stellen so den unmittelbaren Kontakt her zu unserem eigenen "Hohen Selbst" und somit zur universellen Liebe, zur göttlichen Quelle und zur Ebene der Aufgestiegenen Meister, der Engel und Erzengel.

In dieser Zeit geht es darum, das Bewusstsein der Menschen zu erhöhen, um den Aufstieg der Erde von der vierten in die fünfte Dimension zu erleichtern. Es hängt jetzt davon ab, ob wir bereit sind, die universelle Liebe im eigenen Herzen zu entwickeln, damit das verletzte feinstoffliche Herz des Wesens "Mutter Erde" geheilt wird. Dadurch vollzieht sich der Transformationsprozess der Erde für alle Wesen leichter.

Wir alle spüren in unserem Umfeld die Veränderung der Energien, da wir in Resonanz mit den Energien der Jahre von 2000 bis 2012 sind. Wir werden in dieser Zeit unterstützt von den Energien der Aufgestiegenen Meister, wie z. B. Paolo Veronese als Maha Co-han, El Morya, Jesus, Konfuzius, Maria und beispielsweise Saint Germain, der den Transformationsprozess der Menschen in diesen Jahren durch seinen violetten Strahl beschleunigt. Die Aufgestiegenen Meister aller Kulturen unterstützen mit ihrer Energie im magnetischen Gitternetz der Erde den Aufstiegsprozess.

Der Herzstern ist gleichzusetzen mit dem Stern der Weisen aus dem Morgenland und wird diejenigen von uns führen, die ihn sehen, empfinden und ihm folgen möchten.

Dieser Herzstern der universellen Liebe ist ein Symbol der absoluten, unermesslichen Liebe Gottes für uns Menschen.

Einführung

Aufgestiegene Meister:
Dies sind große Wesenheiten, die, genau wie wir, in physischen Körpern lebten. Sie haben alle Aspekte der Farbstrahlen integriert und leben in hohen Lichtregionen.

Unter Berücksichtigung unseres freien Willens helfen sie uns, unser Ego zu transformieren und unseren Weg der Berufung zu gehen sowie unser Karma aufzulösen. Sie dienen als Ratgeber unseres »Höheren Selbst«. Da sie selbst inkarniert waren, kennen sie die Probleme, die wir hier auf der Erde haben, und begleiten uns mit ihrer Liebe und Fürsorge.

Karma
ist das göttliche Prinzip von Ursache und Wirkung. Alles, was ich aussende, kommt wie ein Bumerang zu mir zurück, ob positiv oder negativ. Der Mensch, der gegen die göttliche Ordnung handelt, bildet so immer wieder die Grundlage zu einer erneuten Inkarnation.

Liebe Leserinnen und Leser,
als ich einmal, es war die Zeit um Weihnachten, meine Überlegungen anstellte, was ich für das kommende Jahr aus meinem Leben verabschieden und was ich neu kreieren möchte, kam mir ein besonderer Wunsch ins Bewusstsein. Er war etwas eigenartig, denn etwas in mir sagte: "Ich möchte den Menschen die wahre Natur der Dinge näherbringen." Ich fand das sehr abstrakt, doch der Wunsch wurde immer stärker, und schließlich war ich ganz erfüllt davon.

Zuerst dachte ich: "Ich werde Landschaftsbilder malen und mich mit den natürlichen Farben der Landschaft genau auseinandersetzen." Da ich seit langem mit Öl, Aquarell und Acrylfarben male, war dies für mich eine plausible Erklärung. Ich kaufte also zuerst einige Bücher, die meine Studien über die Wirkung der Farben vertiefen sollten. Danach besorgte ich mir Farben, die den hohen Ansprüchen, die ich an die Reinheit der Farbpigmente stellte, auch entsprachen. Es verging eine intensive Zeit des Nachdenkens, die sich nach dem Jahreswechsel noch vertiefte, da auch noch einige andere Wünsche auf meiner Wunschliste standen. So erwachte ich eines Morgens und sah vor meinem geistigen Auge ein Symbol. Ich machte mir eine Skizze davon und fing an, während meines Weihnachtsurlaubes geometrische Muster zu malen. Es entstanden verschiedene Ausführungen von Sternen, die ich mit den zwölf göttlichen Farbstrahlen, deren Lenker die Aufgestiegenen Meister sind, ausmalte.

Da ich seit über 15 Jahren auf meinem spirituellen Weg wandle, bin ich durch meine Suche nach der Wahrheit und Weisheit des Lebens mit den Ebenen der Aufgestiegenen Meister in Kontakt gekommen. Bis dahin hatte ich über die Aspekte der Farbstrahlen, die Wirkung von Farben und über die Aufgestiegenen Meister einiges gelesen, und ich versuchte nun, dieses Wissen in mein Leben zu integrieren, doch es gelang mir nicht richtig. Scheinbar sollte sich dies jetzt ändern, ich überließ meinem "HOHEN SELBST" die Führung und konzentrierte mich immer mehr auf das Ursprungssymbol, das geometrische Muster mit den zwölf Strahlen. Von da an arbeitete ich in jeder freien Minute an der Vervollkommnung des Sternes, indem ich nun anfing, dieses Wissen, das ich besaß, zusammenzuführen und immer weitere Kreise auf die Leinwand zu projizieren.

Irgendwann erkannte ich, dass ich mich eifrig mit der Verwirklichung meines Wunsches beschäftigte. Das Resultat war jedoch kein Landschaftsbild, wie ich es ursprünglich geplant hatte, sondern dieser Stern, der mich immer mehr in seinen Bann zog. Von Beginn dieser intensiven Arbeit bis zur Fertigstellung dauerte der Prozess ungefähr sechs Monate, genau bis Pfingsten 2006.

Nach Fertigstellung des Sternes erfuhr ich bei einer Channeling-Sitzung von der geistigen Welt, dass der Stern abrufbereit auf den feinstofflichen Ebenen existierte und ich das Malmedium für diesen Stern geworden war. Durch diese Verbindung, die ich geschaffen hatte, wurde eine energetische Brücke aufgebaut, die jetzt zwischen den Aufgestiegenen Meistern und dem Stern besteht. Über verschiedene Ebenen (Kreise im Bild) können die Meister nun diejenigen von uns erreichen, die sich bewusst dafür öffnen. Diese Verbindung entsteht durch das mächtige Gesetz der Schwingung, denn Energie folgt der Aufmerksamkeit.

Die großen Wesen des Universums besitzen die einzige Autorität über die Farben sowie dass Wissen um die besondere Eigenschaft einer jeden Farbschwingung und lenken die Informationen in unser Leben, die wir zum gegenwärtigen Augenblick benötigen. In der elektro-physikalischen Sprechweise ist jede Farbe eine besondere Frequenz, die Manifestation einer bestimmten Form, einer Qualität und eines Tones. Dies bedeutet mit anderen Worten: Wenn eine Farbschwingung bis auf die Ebenen oder Energieoktaven der Aufgestiegenen Meister hinaufreicht, wird diese durch das Symbol so beschleunigt, dass sich in dieser Frequenz nur Vollkommenheit manifestieren kann. Daraus können wir schließen, dass unser unmittelbarer Kontakt zur Meisterebene durch

Channeling:
Informationen, die durch unserer geöffnetes Scheitelchakra aus der geistigen Welt zu uns fließen.

Manifestation:
Erschaffen aus der Urkraft, dem Urlicht – und mittels Gedankenkraft in die physische Form bringen.

1. Entwicklungsschritt: das Ursprungsmandala. Die Toröffnung zur Ebene der Aufgestiegenen Meister.

2. Entwicklungsschritt: Die göttlichen Aspekte der 12 Farbschwingungen kommen hinzu.

3. Entwicklungsschritt: Die nächsten Bewusstseinsebenen kommen hinzu.

Seele:
Die Summe aller gemachten Erfahrungen, Talente, Schuldgefühle, Emotionen usw., die alle auf dem Prinzip von Ursache und Wirkung beruhen.

unseren Fokus auf diesen Stern, über die energetische Farbleiter und über die geometrischen Muster erfolgt.

Können wir dies in unserem Bewusstsein anerkennen und verankern, hat jeder Einzelne von uns die Möglichkeit, den bewussten Kontakt unmittelbar herzustellen und somit auch die direkte Hilfe für alle Facetten des irdischen Lebens abzurufen. Mittlerweile arbeiten schon Therapeuten mit dem "Herzstern der universellen Liebe", und sie sagen mir, dass sich die Arbeit mit ihren Patienten seitdem wesentlich leichter gestaltet.

Bislang konnte ich selbst einige Erfahrungen mit diesem wunderbaren Heilungsstern machen. Da er in seiner Energiequalität sehr hoch ist, können wir unseren Energiepegel anheben, wenn wir uns vor den Stern setzen. Wenn wir z. B. mit der linken Hand alle Farbstrahlen berühren, arbeiten alle Chakren gleichmäßig stark. Es kann auch sein, dass beim Betrachten des Sternes ein bestimmter Farbstrahl besonders intensiv wirkt oder dass wir eine Energie besonders nötig haben. Durch die Öffnung unseres Geistes für die Kommunikation mit den Lichtebenen und durch regelmäßigen Gebrauch werden wir auch durch das ordnende Prinzip der Zahl 12 und des geometrischen Musters in unserem Leben unterstützt.

Eine Freundin von mir hatte folgendes Erlebnis: Eine Frau, die schon sehr lange unter sehr starken Rückenschmerzen litt, kam zu ihr und wollte Räucherwerk kaufen. Sie kennt diese Kundin schon lange und weiß um ihre Probleme. Bislang konnte ihr kein Arzt helfen, und sie musste sehr viele Medikamente einnehmen, um die Schmerzen einigermaßen ertragen zu können. Sie schaute eine gewisse Zeit auf den Stern und stellte plötzlich fest, dass die Schmerzen verschwunden waren. Die beiden Töchter, die ihre Mutter begleitet hatten, wollten dies nicht glauben.

Und doch ist es so, wie mir auch Meister Eckhard in einer Channeling-Sitzung sagte:

"Wenn ihr euch auf die Aspekte dieses Symbols konzentriert, so wirkt dieser Farbstrahl dann auch. Wenn ihr z. B. Heilung benötigt und euch auf den grünen Strahl von Hilarion konzentriert, so wirkt der Aspekt dieses Strahles durch das Symbol auf euch. Oder wenn

ihr mit dem Farbstrahl von Saint Germain Reinigung wünscht, so wirkt das Symbol als Reinigungssymbol für euch. Geht ihr auf den Aspekt Liebe, so wirkt es als Schwingungserhöhung für die Liebe."

Das Beispiel meiner Freundin zeigt daher sehr deutlich, dass diese Frau gedanklich auf ihre Schmerzen konzentriert war und dadurch den grünen Strahl von Meister Hilarion aktiviert hat. Jetzt, wo ich dies schreibe, wird mir erst deutlich, welch ein Segen von diesem Stern ausgeht, und es erfüllt mich eine tiefe Dankbarkeit und Liebe, dass ich diesen wunderbaren Stern in die Materie holen durfte. Wie der Stern seine Wirkung entfaltet, hängt von sehr vielen Faktoren ab. Zum einen möchte er viele Menschen erreichen, seine Energie verbreiten und die Herzen vieler Menschen für die universellen Lehren öffnen, und zum anderen liegt es an jedem Menschen selbst, wie viel Entwicklungsarbeit er für seinen Weg ins Licht leistet. Unsere Seele kennt den Weg, den sie gehen möchte, den Weg der Erkenntnis unseres ureigensten göttlichen Lebensplanes. Dies bedeutet viel Mut und Arbeit auf dem Lichtweg und großes Vertrauen in unsere göttliche Führung.

Mit der Verbreitung des Sternes und dieses Buches möchte ich vielen Menschen helfen, den Entwicklungsweg eigenständig gehen zu können. Durch die Hilfe aller Wesenheiten, die auf den verschiedenen Ebenen des Sternes der Menschheit dienen, werden wir gelenkt und geleitet, wir brauchen uns nur auf diesen Stern zu konzentrieren und um Hilfe zu bitten.

In diesem Buch sind Übungen, Meditationen und Praxisbeispiele aufgeführt, womit wir das Wissen kreativ und spielerisch in unseren Alltag integrieren können. Die Resonanzkarten zu den einzelnen Farbstrahlen der Wochentage erleichtern dabei die Übungen und bringen uns in Resonanz mit den Tempeln der Aufgestiegenen Meister, die diese Farbstrahlen in unsere Atmosphäre lenken.

Mutter Maria hat die Schirmherrschaft für dieses Projekt übernommen. Als meine Geistführerin hat sie mich all die Jahre auf meiner Suche nach dem Sinn und der Wahrheit meines Lebens voller Liebe und Geduld gelenkt und mir immer wieder den wahren Weg

Wenn Sie mit den Karten sofort arbeiten möchten, lesen Sie bitte die Seiten 178–197 mit Anleitungen und Praxisbeispielen zur Kurzanalyse durch, und beginnen Sie damit zu experimentieren.

Im großen Herzsternsymbol sind die Zuordnungen der Erzengel nach der Astrologie eingezeichnet. Die Strahlenlehre weicht davon etwas ab, hier ist jedem Farbstrahl ein Erzengel zugeordnet.

17

gezeigt – bis heute. Und so wünsche ich mir aus tiefstem Herzen, dass diese Liebe, die von Mutter Maria und der Großen Weißen Bruderschaft ausgeht, alle Menschen erfasst und wir ein Leben in brüderlicher Gemeinschaft ohne Angst, Hass und Kriege leben können.

Meister EL MORYA lenkt den 1. Farbstrahl (blau), der für den Willen Gottes, für Mut, Kraft und Schutz steht und der für eine reibungslose Kommunikation im Sinne unseres göttlichen Lebensplanes sorgt. El Morya sagt uns:

"Geliebte Erdenkinder, wir sind voller Zuversicht, dass dieser Stern einen Meilenstein setzt und ihr erkennt, wie wertvoll diese Lichtarbeit für den Planeten Erde ist. So vieles ist geschehen in den Zeitaltern eurer Entwicklung, so viel Schmerz, Leid und Kummer musstet ihr ertragen und ertragt ihr noch! So kommt zurück zu eurer wahren Natur, vergesst die Schmerzen der Vergangenheit, und öffnet euch für unser Licht. Nehmt es in euch auf, atmet bewusst das Licht ein, verbindet euch mit den einzelnen Aspekten der Farbstrahlen und spürt deren Wirkung in eurem Körper. Benutzt euer Bewusstsein zur Klärung und Transformation von Ängsten, Blockaden und Verletzungen aus der Vergangenheit, und reicht uns die Hand für eine freudvolle Zusammenarbeit. Der Segen aller Meister, Erzengel und Engel und aller Wesen aus der Natur ist euch gewiss. Geht diesen Weg, es lohnt sich!"
El Morya

Die Quintessenz
zur geistig-seelischen Selbsterfahrung

Die zehn Einweihungsschritte der Herzsternmethode

Mit dieser Zusammenfassung der einzelnen Kapitel möchte ich Ihnen auch die Möglichkeit zum Querlesen dieses Buches geben; die systematisch aufeinanderfolgenden Einweihungsschritte führen Sie zu den Inhalten der wichtigsten Kapitel.

In diesem Buch geht es darum zu entdecken, was für den individuellen Leser von zentraler Bedeutung ist, und es soll helfen, das Leben in seiner eigenen Wirklichkeit zu sehen. Es ist wichtig, sich das Buch immer wieder zur Hand zu nehmen und die Karten stetig zu nutzen. Denken Sie über das Gelesene nach, durch die Übungen und durch die Klärung alter emotionaler Belastungen und Blockaden verändert sich das Bewusstsein. Nach und nach werden, wie bei einem Puzzle, alle Bewusstseinsanteile zusammengefügt, und wir erfahren Heilung auf allen Seinsebenen. Wenn Ihnen einige Kapitel oder Übungen noch Schwierigkeiten bereiten sollten, übergehen Sie diese einfach, und kommen Sie zu einem späteren Zeitpunkt darauf zurück.

Anhand der folgenden Übersicht können Sie gezielt die Themen auswählen, die in jedem Kapitel auf Sie warten. Jeder Schritt enthält Anleitungen oder Übungen, die Sie auf Ihrem Lichtweg immer weiter voranbringen.

1. Schritt (Seite 43)

Öffnung des Herzchakras und Einstimmen auf unser Innerstes

Unser Herzchakra wird durch das Symbol und durch die Übungen im Buch geöffnet, so dass die körpereigene Energie sich langsam und stetig erhöht und unser Bewusstsein die hohen kosmischen

Gesetzmäßigkeiten erfassen kann. Wir lernen zu fühlen und nach innen zu horchen, unsere Aufmerksamkeit auf unsere eigene innere Stimme wird geschult.

2. Schritt (Seite 46)

Wir lernen die Aspekte der göttlichen Farbstrahlen kennen

Die Integration aller zwölf göttlichen Gesetze ermöglicht unseren Aufstieg ins Licht, deshalb ist es für uns natürlich sehr wichtig, diese Gesetzgebungen zu kennen und sie nach und nach in unser Leben zu integrieren.

3. Schritt (Seite 50)

Wie die Farben auf Körper, Geist und Seele wirken

Die Beziehung zu den feinstofflichen Farbschichtungen im Körper wird anschaulich erklärt, auch wie diese Farben Einfluss auf unsere Gesundheit nehmen. An dieser Stelle des Buches erkennen wir auf den unterschiedlichen Ebenen, was unserem Körper fehlt, weshalb sich Krankheiten entwickeln oder wo zu viel Energie fließt. Wir lernen hier die Aspekte der Farben in Bezug zu den unterschiedlichen Ebenen – Seele, Geist und Körper – kennen.

4. Schritt (Seite 58)

Einführung in die Farbvisualisierung

Hier lernen wir, uns auf die Energiefrequenzen der Farben einzufühlen und die Farben auch körperlich wahrzunehmen, z. B. durch Vibrationen im Körper oder ein Kribbeln in den Händen.

Jetzt können wir alle Farben anwenden und unseren Körper, unsere Seele und unseren Geist mit der entsprechenden Farbe, die wir für uns nutzen möchten, versorgen.

5. Schritt (Seite 68)

Die feinstofflichen Systeme der Aura und der Chakren

Durch entsprechende Schlüsselbegriffe, die jedem Chakra zugeordnet wurden, sind wir jetzt in der Lage, emotionale Verletzungen, die mit diesen Themen einhergehen, aufzuspüren.

An dieser Stelle lernen wir die Polarität der auf uns einwirkenden Farbstrahlen kennen.

6. Schritt (Seite 81)

»ICH BIN« in meiner Kraft

Diese Übung verstärkt unsere innere Kraft, die aus der eigenen göttlichen Quelle stammt und die wir für uns nutzen können, um unsere Wünsche in die Materie zu ziehen.

Wir kommen hier mit der reinen "Schöpfungsenergie" in Kontakt und fühlen uns EINS mit ALLEM-WAS-IST.

7. Schritt (Seite 83)

Kleine Einweihung in die Welt der Zahlen

An dieser Stelle können wir hinter den Vorhang schauen, bekommen Aufschluss über unser wahres Sein und erfahren die wesentlichen Zusammenhänge unserer jetzigen Verkörperung.

Die Quersumme unserer Geburtszahlen, hier "Lebenszahl" genannt, zeigt uns unseren Lebensweg auf. Dieser Schlüssel öffnet uns die Pforte, hinter der unser vorbestimmter Lebensweg verborgen liegt.

8. Schritt (Seite 90 und 161)

Ich erforsche meine eigene Welt

Durch die errechnete Lebenszahl wissen wir jetzt, auf welcher Ebene wir inkarniert sind, und kennen somit auch schon das eigene Lebensthema und die Haupteigenschaften unserer Talente. Die bisherige Suche lässt uns unseren selbst gewählten Lebensweg erkennen. Gehen wir diesen Weg, beginnt durch die damit verbundene Transformationsarbeit *"der Einweihungsweg"* zurück in die Einheit.

9. Schritt (Seite 99)

Eine Einweisung der Aufgestiegenen Meisterinnen und Meister ...

... über die Wirkung ihrer kosmisch-göttlichen Farbstrahlen macht uns mit den Energien ihrer Farben vertraut. Diese können wir in unser tägliches Leben senden und mit Hilfe ihrer *"feinstofflicheren"* Farbfrequenzen auf der körperlichen, geistigen oder emotionalen Ebene Schritt für Schritt entfalten.

Durch das wiederholte Lesen der Botschaften erfahren wir tief beglückende Seinszustände, bekommen Kraft für unsere Ziele und werden neu ausgerichtet!

10. Schritt (Seite 113)

Wir werden zum Schöpfer unseres eigenen Lebens

Mit Hilfe der Strahlenfarben der Aufgestiegenen Meisterinnen und Meister und mittels des Resonanz-Kartensets als Energietore oder -portale beginnt die gründliche Auseinandersetzung mit unseren Lern- und Lebensthemen; dadurch lernen wir, frei und selbstbestimmt zu werden.

Sind wir bereit, diesen Weg wahrhaftig zu gehen, können alle Verletzungen aufgearbeitet werden, und die Verfeinerung unserer menschlichen Seele beginnt genau auf der Ebene der göttlichen Vorsehung. Alle Erfahrungen und Erlebnisse, die uns auf unserem Weg begegnen, dienen dazu, uns von alten belastenden Strukturen zu befreien.

Mit den zwölf Energietoren der unterschiedlichen Strahlenfarben erreichen wir mühelos die Lichtebenen der Aufgestiegenen Meisterinnen und Meister und sind so angebunden an den Strom ihrer kosmischen Ordnung. Mit den höher schwingenden Frequenzen ihrer Farbstrahlen entfalten sich die feineren Schichten unserer Aura, und wir lernen, wie wir die wahren universellen Gesetze in unser Leben integrieren können.

Der Einweihungsweg ist ein Weg der Ganzheit und geht demnach nur über die Transformation und Integration unserer verloren gegangenen Seelen- bzw. Bewusstseinsanteile!

Liebe Leserin, lieber Leser,

Sie spüren die Verbindung mit den Ebenen des Lichtes sehr deutlich und spüren demnach auch die Schwingungserhöhung des Körpers – folglich also auch, wie sich alle Zellen und Körperfunktionen mit dieser Lichtenergie regenerieren!

Alle Leser, die konsequent diese Methode anwenden, werden die Veränderungen spüren. *Sie werden wieder gesünder, dynamischer – sie strahlen Schönheit und geistige Frische aus.* Das Leben verändert sich auf eine einzigartige Weise. Das Wunderbare dabei ist, dass wir mit jeder Übung durch das Vibrieren der unterschiedlichen Energien der Aufgestiegenen Meisterinnen und Meister an deren positive Aspekte erinnert werden. Durch diese Bewusstwerdung programmieren wir uns und unsere Körperzellen immer wieder neu mit allen positiven Eigenschaften, die durch die Kapitel dieses Buches und durch die Karten energetisch auf uns einwirken.

Viel Erfolg!

1

Auf der Suche nach unserer wahren Natur

Was sind wir, und woher kommen wir?

Wir sind alle aus der einen Einheit, wir sind vom "HÖCHSTEN LICHT" auf die Erde gekommen, um unsere Erfahrungen im "HIER UND JETZT" zu machen. Unser Lebenssinn und Lebenszweck dient unserer persönlichen Entwicklung durch die gemachten Erfahrungen hier auf Erden. Unsere uns umgebende, gedanklich fassbare Welt wird aus dem Mittelpunkt der Schöpfung mit den kosmischen Lichtkräften durchflutet. Im kosmischen Urlicht existiert die Urkraft, die alles Leben erschafft und erhält. Alles um uns herum sind Bewusstseinsbereiche, Bewusstseinspartikel, die mit uns in Resonanz gehen, um uns in entsprechenden Momenten Impulse zu geben, damit wir uns immer weiterentwickeln können auf dem Weg ins Licht. Diese Kraft ist der Organismus der Schöpfung Gottes in seiner unbewerteten Struktur. Alle kosmischen Formen bestehen aus elektromagnetischen Feldern, auch wir Menschen, die Tiere, Pflanzen, Kristalle, Planeten, Farben, Musik oder geometrische Prinzipien – alles ist, obwohl unterschiedlich in Struktur und Schwingung, eine Ausdrucksform des "HÖCHSTEN LICHTES". Folglich ist alles in einer Einheit, nichts und niemand ist außerhalb von ihr, und wir sind ein Teil dieser Einheit.

Wie ist meine Beziehung zum Kosmos?

Unsere Gedanken und Gefühle stehen mit den Atomen in Interaktion und regeln alle Abläufe unseres Lebens. Das bedeutet auch, dass die Auswirkungen unseres Verhaltens in dieser Einheit alle Erscheinungsformen in unserem täglichen Leben manifestieren. Je besser wir daher in der göttlichen, kosmischen Ordnung verankert sind und mit ihr schwingen, umso freudvoller wird unser Leben. Die Verhaltensweisen, die Äußerungen eines Menschen und die Formen seiner Umgebung wirken wechselseitig aufeinander

»Ziel eines jeden Menschen sollte es sein, an sich selbst zu arbeiten und zu wachsen, um in der spirituellen Welt einmal zu Hause sein zu können, da wo ihr herkommt und wo ihr eines Tages wieder sein werdet. Im Reich des ewigen Lichtes, im Reich der Freude, im Reich eures Vaters.«

ein. Es sind gut aufeinander abgestimmte Sender und Empfänger, und sie gehen durch das Gesetz der Anziehung miteinander in Resonanz. Der Mensch erschafft sich durch sein Denken, Fühlen und Handeln also seine Realität. Aufgrund des Gesetzes des Kreises oder der Anziehung kommt alles Gedachte oder Erfühlte durch die jeweilige Schwingung zu uns zurück. Die Qualität der Energie, die wir aussenden, ist es, die unser Leben steuert. Wir können uns frei entscheiden: Denn was wir säen, das ernten wir auch. Ein guter Nährboden braucht Pflege und Licht, damit sich die Ernte manifestieren kann.

Wie wirkt das kosmische Prinzip der Ordnung auf mich und andere?

Durch Impulse unterschiedlichster Ebenen und hoher Wesenheiten aus dem Kosmos wird die Schöpfung Stufe um Stufe weitergeführt, und wir Menschen sind mächtige Mitschöpfer des Universums. Die kosmischen Gesetze bestimmen dabei über die Ordnung. So kennen wir physikalische, chemische, mathematische oder musikalische Gesetze und die Gesetze der Farbharmonien. Es gibt zusätzlich noch das Gesetz der harmonischen Proportionen, durch die auch unser menschlicher Körper seine Proportionen bildet. Harmonien entstehen nur dann, wenn die Formen, Verhaltensweisen oder Farbklänge im Einklang mit der universellen Schöpfung sind.

Diese harmonischen Proportionen bestehen auch in allen Pflanzen und Tieren und basieren auf dem geometrischen Symbol der "Blume des Lebens". Wir lernen jetzt die Zusammenhänge verstehen und erkennen, dass wir mit all diesen Formen durch unsere eigene geometrische Struktur verbunden sind. Die Blume des Lebens ist in allen Formen des Lebens auf unserem Planeten vorhanden und steht in Verbindung mit der Blume des Lebens in unserer Erde, die wiederum mit der großen Zentralsonne, der Urkraft und unserer physischen Sonne verbunden ist.

Die Blume des Lebens:
Wir können uns die Blume des Lebens wie einen riesigen Computer vorstellen, dessen Zentrale im Erdinnern liegt. Unsere körpereigene, elektronische Struktur ist an diese riesige Zentrale angeschlossen. Alle Informationen, seien es Gedanken, Gefühle, unsere Körperstruktur usw., werden dort gespeichert, geordnet und strukturiert. Von dort werden die Informationen an die große Zentralsonne verschickt, und über unsere physische Sonne gelangen die Daten zu uns zurück, die wir benötigen.

Alles Leben im gesamten Universum ist an diese Zentrale angeschlossen.

Was bedeutet »ICH BIN«?

Das "ICH BIN" ist die göttliche Gegenwart in einem jeden Menschen. Es ist der persönliche Teil eines jeden von uns, der mit dem Urlicht der Schöpfung in direktem Kontakt steht. Die ICH BIN-Gegenwart ist unser höheres Wesen, unser "Christ-Selbst", das Überbewusstsein, unser göttlicher Teil. Unser ICH BIN lenkt all unsere Schritte und führt uns zurück zum Ursprung, zur Quelle allen SEINS. Durch das bewusste Atmen und durch die Entwicklung unserer Liebesfähigkeit kommen wir in Kontakt zu unserem HOHEN SELBST. Durch die stetige Anerkennung unserer selbst wird uns eines Tages die uneingeschränkte Kraft unserer eigenen göttlichen Quelle zur Verfügung stehen.

Bevor wir in die Meditation gehen, sollten wir immer leise die Worte "ICH BIN" sprechen und nachher auf die leisen Worte in unserem Geist hören. Auf diese innere Führung können wir vertrauen, sie wird uns ein sicherer Wegweiser auf unserem Lebensweg sein. Wenn wir uns tagtäglich der Führung unserer eigenen Göttlichkeit überlassen, beschleunigt dies unsere eigene Entwicklung, und das Licht wird immer stärker aus uns herausstrahlen. Nur über unsere göttliche Gegenwart können wir mit den Ebenen des Lichtes kommunizieren.

»Das Leben ist wie ein Buch, ein jeder Tag ist wie eine neue Seite, die aufgeschlagen wird. Und da stehen die Lektionen, die gelebt und gelernt werden müssen. Aber dadurch ist das Leben lebhaft, wahrhaft und wahrhaftig! Lebt ihr nicht euer Leben, so werden die Tage zäh und träge, dann schließt eure Seele sich ein und verkümmert.«

Wie kann ich feststellen, was ich denke und fühle?

Dazu ist es natürlich sehr wichtig, dass wir unsere Gedanken und Emotionen kennen lernen. Unser Geist ist unser mächtigstes Werkzeug, ohne die Macht der Gedanken gäbe es kein Leben im gesamten Universum. Alles, was wir mit unseren Sinnen erfassen und sehen können, alles, was wir denken und fühlen können, sind gezielte Kräfte, die Realitäten erschaffen – im positiven und natürlich auch im negativen Sinn.

Unsere Gedanken und Gefühle sind aber nicht dazu da, sie zu sinnlosen Zwecken zu nutzen, sondern um sie bewusst einzusetzen. Und damit wir überhaupt feststellen: *"Was denke oder fühle ich"*? oder: *"Was ich denke oder fühle, das bin ich!"*, ist es wichtig, nach innen zu horchen, die Aufmerksamkeit nach innen zu richten, um sich der eigenen Gedanken und Gefühle bewusst zu werden. Indem

»Geht in euer Seelenhaus und kommuniziert mit eurem ›Hohen Selbst‹. Fragt das, was euch auf dem Herzen liegt, und horcht tief in euch hinein. Horcht auf euer Innerstes und schreibt alles auf.«

wir unsere Aufmerksamkeit auf bestimmte Situationen in unserem Leben lenken, können wir ebenfalls Aufschluss über unserer bewusstes und teils auch über unser unterbewusstes Denken erhalten.

Meine Gedanken und Gefühle geben Aufschluss

Morgens zwischen Tag und Traum, kurz vor dem Aufwachen können wir unsere wahren Gedanken und Gefühle erhaschen. Oft zeigt sich in diesen Momenten, was wir wirklich fühlen, wünschen und denken. Wenn wir unser "HOHES SELBST" vor dem Schlafengehen bitten, uns dies zu zeigen, lernen wir mit der Zeit immer mehr über unsere wahre Natur. Sobald wir spüren, dass wir eine Veränderung herbeiwünschen oder wir bestimmte Verhaltensmuster verändern möchten, müssen wir zuerst herausfinden, was nicht mehr zu uns passt, oder was wir verändern möchten. Unsere Emotionen sind absolute Indikatoren für den momentanen Gefühlszustand. Daher verraten sie uns immer unfehlbar, was wir gegenwärtig in unser Leben ziehen. In jedem Augenblick zeigen sie unsere jeweilige energetische Schwingung an. Negative Emotionen erzeugen eine negative Schwingung und materialisieren in unserem eigenen Universum Umstände, die wir als Schicksal bezeichnen. Wenn sich unsere Emotionen allerdings gut anfühlen, wenn wir von dem, was uns begegnet, begeistert sind, erzeugen wir mächtige, positive Energieformen, die unser Leben in die Richtung verändern, wohin wir unsere Aufmerksamkeit lenken. Das bedeutet: Wir erschaffen durch unsere Einstellungen unsere Lebensqualität.

Wie kann ich alles Belastende auflösen?

In dieser Zeit wächst der Druck des kosmischen Lichtes auf unsere feinstofflichen Körper ständig an, mit anderen Worten, die Frequenz des Lichtes wird stetig erhöht, und Blockaden in unseren Energiesystemen stellen sich vermehrt ein. Dies kann auch zu Krankheiten führen, wenn wir diese Energieblockaden, die z. B. durch Eingriffe in unsere Gefühlswelt entstanden sind, nicht auflösen. Alle Verletzungen sind in den verschiedenen feinstofflichen Körpern des Menschen ge-

»Viele Dinge geschehen erst dann, wenn der Zeitpunkt dafür gekommen ist, wenn der Geist sich öffnet und das Herz zulässt, dass die Dinge sich entwickeln können. Wenn der Verstand die Regungen im wahrsten Sinne abwürgt, kann keine Heilung erfolgen, dann entsteht durch die seelischen Qualen eine tiefe Depression. Du siehst, wie vielen Menschen um dich herum es so ergeht. Darum ist es so wichtig, den Bezug zum eigenen Innersten herzustellen, um wieder in Resonanz zum eigenen ‚Ich bin' zu kommen.«

»Aus unserer Sicht ist Folgendes zu beachten: dass Ruhe in eurem Gemüt bleibt und der Friede in eurer Seele. Nur dann könnt ihr weiterschreiten, denn das Licht führt euch. Oh ja, es ist wundervoll, auf der Erde und für das Gute zu leben, mit Freude im Herzen eine Aufgabe zu haben, sie zu leben und andere daran teilhaben zu lassen.«

speichert, und unsere Gefühle, Ängste oder Schmerzen können Aufschluss über diese Energieblockaden geben. An unseren Gefühlen erkennen wir dementsprechend die Qualität unserer Gedanken und Handlungen.

In diesem Buch sind viele Möglichkeiten aufgezeigt, sich dieser Blockaden bewusst zu werden, um sie anschließend aufzulösen. Alle feinstofflichen Körper müssen gereinigt und frei von Krankheiten werden. Mit Hilfe der einzelnen Farbstrahlen, auf die ich noch genau eingehe (und vor allem mit dem Strahl des violetten Feuers der Reinigung), können wir alle Unvollkommenheiten aus unseren feinstofflichen Körpern entfernen. Wichtig ist dabei die Vergebung. Denn viel zu oft konzentrieren wir uns noch auf vergangene Erlebnisse und ziehen so immer wieder diese Energien in unser Bewusstsein und übertragen diese unguten Schwingungen stets aufs Neue in unser Leben.

Die Macht der Gedanken

Sobald wir uns darüber im Klaren sind, dass unser Leben einiger Korrekturen bedarf – vielleicht haben wir Wünsche, die wir bislang nicht erfüllt bekommen haben, oder der Beruf passt vielleicht nicht mehr – können wir alles verändern. Wir dürfen die Macht der Gedanken nur zu positiven, aufbauenden Zwecken nutzen. Gedanken und Gefühle sind die mächtigsten Werkzeuge, die wir von der göttlichen Quelle erhalten haben. Doch wir müssen die Kontrolle darüber behalten und uns in eine positive Geisteshaltung bringen. Dies bedeutet Übung, Übung und nochmals Übung. Wenn wir gelernt haben, unsere Gedanken auf einem hohen Energielevel zu halten, wird das Leben in eine ganz andere Richtung gelenkt, und wir werden zum Schöpfer eines wundervollen Lebens. Negatives können wir dann schnell in Positives umwandeln!

Der violette Strahl von Saint Germain reinigt und klärt alle Gedanken, Gefühle und Blockaden.

»Gott liebt alles und jeden und jedes kleinste Molekül des Universums. Er ist dir und jedem nahe, ja jedem, der bereit ist, IHM sein Herz zu öffnen. Freue dich über jeden Tag, über jede Stunde, und halte dein Herz offen für alles, was dich umgibt.«

Der Weg zur inneren Heilung

2

»In der Verschlüsselung liegen die Wahrheiten, und dein Geist muss erkennen, in welche Richtung er gehen will.«

»Vertraue den Gesetzen Gottes und den Gesetzen des Geistes, dann wird sich das wahre Potenzial im Außen entfalten, und du wirst deine eigentlichen Aufgaben in dieser Zeit finden. Nur derjenige, der anklopft an die Tür zum eigenen Herzen, wird die wahren Antworten finden. Öffne die Tür deines Herzens, und empfinde das Schöne, das, was nach außen fließen möchte und in deinem Wirken den Menschen Freude und Achtung bringt. So sei es!«

Unsere verlorenen Seelenanteile schwirren nicht irgendwo im All herum, sondern sind in unseren feinstofflichen Körpern. Die Energie dieser Blockaden können wir wieder zum Fließen bringen, sobald wir die Ursache der Blockade erkannt und sie transformiert haben. Nach und nach können wir so alle verloren gegangenen Seelenanteile wieder in unseren göttlichen Körper integrieren.

Unser göttlicher Lebensplan

Jede Seele bekommt vor ihrer irdischen Reise einen göttlichen Plan mit auf den Weg, der auf der Erde dafür sorgen wird, dass wir unsere wahre Bestimmung und unser wahres Ziel nicht verfehlen können. Dieser Plan beinhaltet unsere Lernaufgaben und unsere irdischen Erfahrungen, die uns zu unserem Lebensweg führen. Wenn noch karmische Dinge von uns zu bearbeiten sind oder wir uns mit einzelnen Lebensströmen noch auszusöhnen haben, werden diese Prozesse zur Aufarbeitung in unser Leben geführt.

Um wieder zurück in die All-Einheit zu kommen, müssen alle verlorenen Seelenanteile, die sich noch in der Illusion der Getrenntheit befinden, eingesammelt und der Einheit wieder zugeführt werden. Dabei führt uns unser Leben durch unerlöste Tiefen, damit wir unsere Seelenanteile mit dem Licht der Bewusstheit erlösen können. Durch die violette Flamme der Umwandlung und Reinigung können wir in jedem Augenblick die göttliche Gnade nutzen, um alle alten Blockaden, die durch Verletzungen in unseren feinstofflichen Körpern entstanden sind, zu reinigen und zu transformieren. Durch unsere Anerkennung, dass wir die Meister unseres Lebens sind, sind wir in der Lage, alle Schranken, die uns im Wege stehen, zu transformieren, um damit die verlorenen Seelenanteile zu integrieren. So öffnen wir uns immer mehr unserer eigenen göttlichen Quelle in unserem Inneren. An diesem Punkt angekommen, können wir alle Antworten in uns finden, wenn wir bereit sind, die Stimme unseres Herzens zu hören und ihr zu folgen.

Wenn uns Menschen Gefühle oder Erfahrungen begegnen, denen wir nicht in Liebe und Frieden zugetan sind, erzeugen wir ein energetisches Band, das wir Karma nennen. Durch unsere Transformationsarbeit wird sich das Karma in dieser Zeit immer schneller auflösen. In dieser Zeitqualität wirkt der Druck des kosmischen Lichtes immer stärker auf uns ein, und die damit verbundenen Erfahrungsebenen kommen immer schneller auf uns zu. Unser göttlicher Plan ist in unseren Zellen gespeichert, er ist in uns. Unser Bestreben sollte dazu führen, ihn zu finden und ihn anzunehmen, um zielstrebig alle Aufgaben, die uns für unsere irdische Bestimmung mitgegeben worden sind, auch zu leben. Alle Interessen, Wünsche, Gefühle und Erfahrungen sind Hinweise und tragen zur Erfüllung unseres göttlichen Planes bei. Wie ich schon beschrieben habe, werden aus unseren Gefühlen Emotionen geboren, die uns auf die jeweiligen Situationen und Menschen zugehen lassen. Wichtig ist dabei, dass wir alles, was wir dadurch in unser Leben ziehen, nicht bewerten, sondern vielmehr nutzen, um jede gemachte Erfahrung wie ein Puzzleteilchen zu betrachten.

Sind wir bereit, unser Leben in Wahrheit zu leben, aufrichtig uns selbst und anderen gegenüber, begeben wir uns auf den Weg der Heilung unseres Mentalkörpers. Durch die Heilung, die in diesem feinstofflichen Körper entsteht, sind wir in der Lage, alle feinstofflichen Körper zu durchlichten und die Strahlenkräfte in ihnen zu verankern. Aufrichtigkeit und Wahrheit entspringen den grünen Strahlenkräften und deren göttlichen Aspekten. Nur über göttliche Wahrheit und göttliche Gerechtigkeit ist wahre Heilung möglich.

Wenn wir also Meister Hilarion und Erzengel Raphael bitten, unser Drittes Auge für die göttliche Wahrheit zu öffnen, wird Heilung möglich. Erzengel Raphael ist der Herrscher über das Element Luft, den Wind, der für die Kräfte unserer Gedanken steht.

Liebe, Freude, Geduld und Dankbarkeit öffnen unsere inneren Tore

Eine wichtige Voraussetzung für die Entwicklung unserer göttlichen Anlagen ist auch unsere Verbindung zu den göttlichen Ebenen. Indem wir lernen, in Demut, Dankbarkeit und Freude unser Leben zu führen, schaffen wir eine Resonanz zu den Ebenen des Lichtes und erzeugen so eine Brücke, die uns den Weg der Selbsterkenntnis gehen lässt; ohne diesen Weg ist göttliche Erleuchtung nicht erfahrbar. Diese Eigenschaften bilden somit das Tor für die göttlichen Frequenzen

»Geduld
ist ein anderes Wort für Hinhören. Hinhören auf das Eigene, das, was an die Oberfläche will. Es fühlen, erfühlen und annehmen. Geduld heißt zulassen, sich entwickeln lassen und nicht im Vorfeld übertünchen.
Geduld ist eine Tugend, der man sich bewusst werden muss. Geduld bedeutet auch Übung, Geistesübung usw.«

»Vertrauen ist ebenso wichtig für das Erreichen der angestrebten Ziele. Vertrauen und Geduld gehen nebeneinander her wie Zwillinge, die ohne einander nicht sein wollen. Ja, so paarig sind Vertrauen und Geduld. Du wirst im Moment auf diese beiden Gaben geprüft.«

»Prüfungen sind wie Meilensteine, wenn du diesen nächsten Meilenstein erreicht hast, ist wieder ein Entwicklungszyklus im Bereich deiner Erfahrungen abgeschlossen, und der nächste beginnt. Das ist der Entwicklungsweg auf dem Weg zum Licht, zur Wahrheit und zur Weisheit. Wer diesen Weg ganz bewusst geht, kommt immer wieder an Grenzen und Hürden, die nur mit Geduld und Vertrauen gemeistert werden können.«

der universellen Wahrheit. Um diese Dankbarkeit in uns zu erzeugen, müssen wir lernen, den weiblichen Aspekt in unser Leben zu integrieren. Dies bedeutet, wir müssen lernen, uns so anzunehmen, wie wir wirklich sind. Erreichen wir diese Integration und können uns so annehmen, wie wir wirklich sind, wird Dankbarkeit erfahrbar.

Liebe, Geduld und Vertrauen sind die wahren Schlüssel zur Meisterschaft. Die Brücke, mit der wir die Lichtebenen erreichen, ist gebaut aus Dankbarkeit und Freude. Unsere Energien werden dadurch so weit angehoben, dass wir das Tor zur eigenen Göttlichkeit passieren können, um in direkten Kontakt mit den himmlischen Sphären zu kommen. Nur durch eine gezielte Transformationsarbeit erlangen wir diese Tugenden.

Können wir Hilfe erbitten?

»Ich bitte dich, mir öfter dein Herz zu öffnen, damit wir noch enger miteinander arbeiten können. Auch mehrmals am Tage halte inne, und komm zu mir, sammle dich und denk an mich. Höre meine Stimme, und horche, sei du in mir, so kann ich durch dich wirken. Freue dich, und sorge dich nicht. Bleibe im Fluss, und tanze im Licht der alles umfassenden Liebe. Tanze, singe, jauchze, spiele auf den Saiten des Lebens.
Friede sei mit dir!«

Wir können sehr viel Hilfe aus den geistigen Reichen erwarten, wenn wir darum bitten. Nur wer bittet, dem wird gegeben, dies ist das "göttliche Gesetz des freien Willens". Wenn wir uns mit den Energien der Farben vertraut gemacht haben, können wir diese in bestimmte Situationen lenken und die geistigen Helfer um Unterstützung bitten. Dies erfordert ein gewisses Maß an Disziplin, aber nach einiger Zeit werden die positiven Veränderungen auf unserer materiellen Ebene sichtbar. Je weiter wir auf unserem Entwicklungsweg voranschreiten, je mehr Strahlen wir integriert haben, umso leuchtender wird unsere Ausstrahlung und somit auch unsere Anziehungskraft. Mit der Integration aller göttlichen Tugenden erlangen wir die Meisterschaft über unser Leben.

Die Aufgestiegenen Meister und Meisterinnen haben uns dieses Wissen gegeben, damit wir es gezielt anwenden, um unsere eigene Lichtsubstanz aufzubauen und entsprechend den göttlichen Tugenden zu leben. Wir sind hier, um alles Leben auf dieser Erde zu lieben und zu achten.

Eine sehr schöne Affirmation hierzu:
"ICH BIN die Wahrheit und öffne meinen Geist für die Weisheit der universellen Schöpfung."

Wer sind unsere Helfer aus den Hierarchien des Lichtes?

Die geistigen Hierarchien des Lichtes bestehen aus mächtigen Lichtwesen, die teilweise aus der Evolution unserer Menschheit hervorgegangen sind oder in anderen Entwicklungsperioden auf anderen Sonnensystemen ihre Ganzheit erreichten. Ganzheit wird erreicht, wenn alle Erfahrungsebenen – durch die Integration der göttlichen Aspekte – durchlebt und entwickelt wurden.

Diese mächtigen Lichtwesen sind uns bei unserer Entwicklung behilflich. Ihre Liebe ist unendlich groß und für uns in ihrer wahren Größe unfassbar, doch ein Teil von uns Menschen kann den äußersten Kreis ihrer Aura wahrnehmen in Form von wohltuender Schwingung oder farbensprühendem Licht. Die Menschen, die auf der Suche nach dem wahren Sinn des Leben sind, werden an einer bestimmten Stelle ihrer Entwicklung vom Licht der Großen Weißen Bruderschaft erreicht, da sich ihr Bewusstsein dafür geöffnet hat.

Wie ich schon beschrieben habe, senden die Cohane, d. h. die Lenker der Strahlen, die Erzengel und Elohim die unterschiedlichsten Nuancen von Licht aus ihren Sphären auf unsere Erde.

Die Aufgestiegenen Meister und Meisterinnen sind aus unserer Erdevolution hervorgegangen und waren Menschen wie wir. Durch ihre Inkarnationen auf der Erde haben sie ihre Vollendung erreicht und helfen nun ihren Brüdern und Schwestern bei ihrer Entwicklung. Ihre uneigennützige Liebe zu uns lässt sie freiwillig in der Atmosphäre der Erde verbleiben. Sie vermitteln ihr Wissen in tiefer Liebe und Barmherzigkeit.

Erzengel waren nie wie die Aufgestiegenen Meister auf dieser Erde, sondern gehören einer anderen Entwicklungsgruppe an. Sie sind die Repräsentanten der verschiedenen Tugenden und leiten die Engelsscharen, die jeweils zu ihrem bestimmten Farbstrahl gehören.

»Ich möchte, dass viele, viele Menschen meine Helfer sind, die dienen in Liebe und die die Würde in jedem einzelnen Menschen sehen, die ihm helfen, wieder das zu sein, wozu er wirklich fähig ist, um sich selbst zu erkennen, sich selbst zu schätzen und zu lieben. Sieh, dies ist der Schlüssel zur Freiheit eines jeden. Die Unterjochung hört in dem Moment auf, wo diese Erkenntnis beginnt.«

Elohim sind die Weltenerbauer, die Schöpferkräfte, die unsere Planetensysteme erschaffen haben. Sie leiten die höchsten Naturkräfte der vier Elemente, Erde, Wasser, Feuer und Luft. *(Auf Seite 65 ist das Schema der geistigen Hierarchie abgebildet.)*

Der Maha Cohan ist der oberste Lenker aller Cohane; er wird auch "Repräsentant des Heiligen Geistes für die Erde" genannt. Der Begriff Heiliger Geist (ein christlicher Begriff) beinhaltet die reine Strahlung aus dem Kosmos. Für uns ist diese reine Strahlung das Lebenselixier, die Lebenskraft, die alles Leben erhält und durchströmt, jene kleinen Teilchen, die uns in unserer Atmosphäre umgeben und die wir durch das Atmen, durch die Nahrung und durch das Wasser in uns aufnehmen. Unser eigenes inneres Licht ist ein Zentrum dieser Kraft, durch das wir versorgt werden. Der Maha Cohan verstärkt durch seinen Tempel die Farbstrahlen aller anderen Tempel.

Wie können wir mit den großen Lenkern der Strahlen zusammenarbeiten?

Das gegenwärtige Zeitalter nennen wir das Wassermann-Zeitalter, es untersteht dem 7. Strahl der Reinigung, Umwandlung und Freiheit. Leiter dieses Zeitalters und des violetten Strahles ist Meister St. Germain. Durch die vermehrte Einstrahlung des göttlichen Lichtes öffnen sich immer mehr Menschen dem göttlichen Licht, und ein vages Erinnern oder eine tiefe Sehnsucht zum Ursprung "ALLEN SEINS", dem Göttlichen oder zu "ALLEM-WAS-IST" erfasst uns; unsere Seele sucht die wahren Werte des Lebens. Wenn wir an diese Schwelle kommen, haben wir schon viel erreicht. Durch unseren Bewusstwerdungsprozess, indem wir unsere Gefühle und Gedanken, die eigenen Wünsche ins Außen projizieren, erkennen wir uns selbst. Dadurch haben wir die Möglichkeit, die Kräfte der Strahlen und deren Lenker bewusst in unser Leben einzuladen. Wir alle können diese Energien nutzen, denn sie dienen in Liebe allem Leben, und ein jeder von uns ist Teil dieser Existenz des "Göttlichen". Unser "ICH BIN" ist mit allen Farbstrahlen verbunden. Indem wir das Licht und die Aspekte der einzel-

»Siehe, mein Herz ist erfüllt mit der segnenden Botschaft der Liebe an alle, die an mich glauben. Ich bin der Engel der Reinheit, der Engel der Verwandlung, die Mutter von Jesus Christus, dem Sohn Gottes, der, wie ihr, den Weg der Liebe in sich trug, der auf dem Pfad der Selbstverwirklichung seine Christusaufgabe erkannte. Er diente als Symbol für die Liebe, das Leben, das Vergehen und für die Auferstehung des Geistes.«

nen göttlichen Strahlen in unser Leben lenken, nehmen wir bewusst teil am Schöpfungsgeschehen. Dies hilft uns, unser Leben neu zu strukturieren, und es vermittelt uns ein völlig neues Lebensgefühl.

Sobald wir uns mit der Ebene eines besonderen Farbstrahles verbinden und um Hilfe bitten, bekommen wir diese durch die Energie des ausgewählten Strahles. Wie schon erwähnt, ist der Herzstern ein Instrument, das wir nutzen können, um in eine sehr viel höhere energetische Schwingung zu kommen. Über diese Schwingungserhöhung haben wir den direkten Kontakt mit den hohen Ebenen des Lichtes. Dies erfordert Übung und Vertrauen, doch durch unsere Entwicklung können wir die Blume des Lebens, die als Knospe in uns angelegt ist, zur vollen Entfaltung bringen. Auf unserem Erdenplanet werden wir geschult, und die Brennpunkte des Lichtes senden uns diejenigen Strahlen, die wir noch zur Entwicklung unserer Persönlichkeit benötigen. Ein bewusstes Arbeiten mit diesen Strahlen nährt unser eigenes Licht in unserem Inneren, bis wir zum Christusmenschen geworden sind.

In unserem Herzzentrum ist der Sitz der dreifältigen Flamme, und dieses Zentrum wird durch die hohen Lichtkräfte gespeist. Wenn wir einen gewissen Entwicklungsstand erreicht haben, können wir diese Kräfte u. a. auch bewusst für unsere Gesundheit einsetzen. Vom Herzmittelpunkt steigt die Lichtenergie bis hinauf in unser Gehirn und verteilt sich über alle Nervenbahnen und Körperzellen bis in alle feinstofflichen Körper. Hier in diesem Zentrum befindet sich der Lebenssame eines Menschen, von dem alle Inkarnationen ausgehen. In ihm ruhen alle Möglichkeiten für unsere zukünftigen Entwicklungen. Die Voraussetzungen, die für unser Wachstum nötig sind, müssen wir natürlich selbst schaffen. Die Bedingungen hierfür heißen: Liebe, Hingabe an das Gute, Mitgefühl, Frieden und Verbundenheit mit den kosmischen Gesetzen.

Jeder von uns steht unter dem Einfluss eines Hauptstrahles, der sich im Verlauf unserer zahlreichen Erdenleben immer stärker ausgeprägt hat.

"Der Hintergrund, warum und weshalb wir aus unseren Ebenen euch Menschen begleiten, liegt einfach darin, dass wir die

Wir können die Hilfe aus den Ebenen des Lichtes und dessen Kräfte nutzen, um sie in unsere eigene Welt zu unseren Lieben und überall dorthin zu senden, wo Hilfe benötigt wird.

Schwierigkeiten des Lebens ja selbst erfahren haben. Wir sind genau wie ihr durch all die Höhen und Tiefen eines irdischen Lebens gegangen. Auch uns wurde nichts erspart, und ihr wisst es aus meiner Inkarnation damals vor etwa 2000 Jahren, was mit meinem Sohn geschah, der euch doch aufzeigen sollte, wie das wahre Leben wirklich ist: von der Geburt über das Leben mit all seinen Schwierigkeiten, all seinen Höhen und Tiefen des gelebten Lebens bis hin zu seinem Übergang, wo sein Geist über die Materie siegte. So seht also, meine geliebten Kinder, dass es den Tod nur im physischen Sinne gibt, der Geist aber lebt ewig. Dies wollte Jesus, mein Sohn, der Christus, der in euren Herzen wohnt, vermitteln. Ihr solltet sehen und verstehen lernen, dass sein Leben in erster Linie ein geistiges Leben war. Es ging um den Geist, der sich über die Materie erhebt, der vorausschauend alles überblickt, wenn er an die kosmischen Kräfte und Mächte angeschlossen ist. Und dies, meine geliebten Kinder, war und ist Gottes Wille, dies ist sein Plan für euch. Sein Plan für euch ist ein Leben in Freude, in Liebe und in der Ganzheit und Geborgenheit des Kosmos. Niemals seid ihr getrennt, immer und überall seid ihr vereint. Wir sind an eurer Seite, um euch zu helfen, um euch an dieser Schwelle in der Menschheitsgeschichte, beizustehen. So viel wurde euch schon erzählt über den Aufstieg eurer Erde und über die Veränderungen, die zur Zeit geschehen. Doch ich sage euch, seid unbesorgt, lasst euch nicht entmutigen oder ängstigen von dem, was geschrieben oder über die Medien in euer Tagesgeschehen gebracht wird. Glaubt ganz tief in euren Herzen, dass alles wie geplant geschehen wird. Ihr seid auf diese Erde gekommen zu dieser Zeit, um mitzuhelfen am großen Werk des Lichtes, das die Erlösung und ein neues Jahrtausend bringt. Seht die Kinder dieser Welt, brauchen sie nicht ein intaktes Zuhause, ein Leben voller Liebe statt voller Leiden? So habt ihr die Verantwortung für all das, was euch umgibt, vergesst dies nicht! Und so stehen wir aus den geistigen Reichen euch zur Seite, wann immer ihr uns braucht, sind wir für euch da. Doch es braucht auch eure Bereitschaft und den Willen, etwas dazu beizutragen. Nur Mut, vertraut und kommt mit auf den wunderbaren Weg des Lichtes. Ich grüße euch."

Mutter Maria

3
Ebenen im Herzstern

Die heilige Geometrie

Da der Kern des Herzsternes aus einem geometrischen Muster besteht, möchte ich zuerst die geometrischen Gesetze und deren Wirkung auf den menschlichen Körper beschreiben.

Die Geometrie schlägt eine Brücke zwischen der linken und rechten Gehirnhälfte. Das Bewusstsein und die Pflege der Verbindung zwischen Geist und Seele, zwischen Funktion und Bedeutung, zwischen Form und Intention befähigt uns, uns tiefer zu erfreuen und uns tiefer um uns selbst und um andere zu kümmern.

Die Heiligkeit der Geometrie besteht in der mathematischen Perfektion, die verwobene und unterschiedliche Strukturen mit jeder anderen geometrischen Basis unserer Existenz verbindet und formt. Stellen wir unsere enge Beziehung zur Natur und zur eigenen Natürlichkeit wieder her, strukturiert und ordnet die Geometrie unser Leben und führt uns in unserer Entwicklung bis hin zu den Ebenen des Lichtes. Wiederkehrende Geometrien spiegeln jeweils eine essenzielle Grundlage wider, die ein Meisterstück an Funktion und kosmischer Absicht darstellt. Die Moleküle unserer DNA, die Luft, die wir atmen, die Nahrung, die wir verzehren, die Häuser, in denen wir leben, der Planet, auf dem wir wandeln, alles ist unauflösbar mit der Formensprache der Muster und ihrer geometrischen Grammatik verbunden.

Sehen wir die Kugel als die symbolische absolute Urzelle des menschlichen Lebens, so sehen wir den Schöpfergott/die Dreieinigkeit und stellen somit eine Beziehung zwischen der Trinität und der Kugel (Gottvater/-mutter = Zentrum, Gottsohn = Radius, Heiliger Geist = Peripherie) her.

Das Geheimnis der fünf platonischen Körper liegt in der Tatsache, dass diese fünf Körper die Ur-Formen der göttlichen Schöpfung

---

Die platonischen Körper und die fünf Elemente

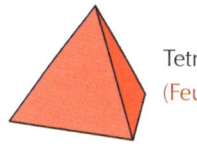

Tetraeder
(Feuer)

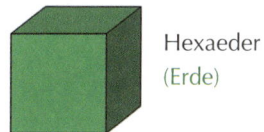

Hexaeder
(Erde)

Oktaeder
(Luft)

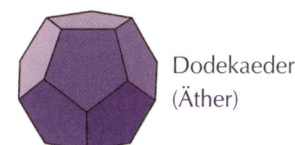

Dodekaeder
(Äther)

Ikosaeder
(Wasser)

sind. Sie passen genau in eine Kugel, d. h. alle Spitzen jedes Körpers würden die sie umgebende Kugel berühren.

Weil die Kugel/das Ei die absolute Urzelle des Lebens ist, in der alles Leben beginnt und sich immer weiter aufteilt, bis die von der Schöpfung angestrebte Form erreicht ist, ist die Geometrie auch ein Teil von uns, der mit der Erde und allen anderen Ebenen göttlicher Manifestationen in Resonanz geht.

Der universelle Herzstern geht aufgrund seines geometrischen Urmusters aus seiner eigenen göttlichen Mitte mit uns in Resonanz und schwingt durch alle Ebenen des göttlichen Urraums, des Universums.

Dimensionen der Schöpfung

Diese Dimensionen liegen jenseits unseres Vorstellungsvermögens und außerhalb unserer linearen Zeit.

Hier befinden sich die unterschiedlichsten Energieformen und Wesen. Diese Dimensionen sind in geistige Hierarchien unterteilt, die verschiedenste Aufgaben haben. Je höher die Sphären, desto reiner ist das göttliche Licht, der Ursprung des göttlichen Geistes. In diesen Dimensionen ist alles enthalten, und aus ihnen heraus wird alles entwickelt und gesteuert. Das Urlicht, das reine göttliche Licht, bahnt sich durch alle Ebenen des Kosmos seinen Weg über die riesige Zentralsonne hin zu unserem Sonnensystem, bis es unsere Zellen erreicht. Auf den einzelnen Ebenen gibt es Energiewesen, die diese hohe Energie des Lichtes heruntertransformieren, so dass es die jeweilige Entwicklungsstufe eines jeden Menschen erreichen kann, sonst würden wir verglühen. Dieses Urlicht hat die Energie der universellen Liebe zu "ALLEM-WAS-IST." Unser eigener göttlicher Teil, das "HOHE SELBST", ist mit dieser Quelle in ständiger Verbindung, doch viele Menschen nehmen dies nicht wahr. Erst wenn wir uns bewusst auf unseren Weg der Persönlichkeitsentwicklung begeben, werden wir schnell merken, wie alles durch die kosmische Ordnung gelenkt und gesteuert wird.

Verschiedenste Gitternetze durchziehen den Kosmos und die Erde und versorgen uns mit unterschiedlichen Energien. Es gibt niedrige bis sehr hoch schwingende Energiefelder, und wir ziehen die Schwingung an, die wir für unsere Entwicklung brauchen, wir können uns dieser Energie nicht entziehen, da wir aus ihr bestehen. Durch das Resonanzgesetz ziehen wir alles an, was unserer Energie entspricht; dies entspricht dem Gesetz von Ursache und Wirkung.

Das geistige Reich ist in unterschiedliche Dimensionen unterteilt, von den verdichteten bis hin zu sehr hohen Lichtebenen. Je nach Entwicklung und Fortschritt gehen wir nach Vollendung unserer irdischen Inkarnation zurück in eine dieser Ebenen.

Aus dem geistigen Reich wirken alle kosmischen Gesetze, die Kräfte der göttlichen Hierarchien und die Kräfte der Planeten und Sternzeichen auf uns Menschen.

Von diesen Ebenen erhalten wir Prüfungen, um unser eigenes Licht zu schulen. Wir müssen sie meistern, um danach unseren Weg ins Licht gehen zu können.

Herzzentrum, Mitte des Bildes

Mit Hilfe der Geometrie, des Maßes und der Zahl wurden im Altertum Kathedralen gebaut. Diener des Maßes sind die Zahlen als Wesenheiten. Daher wurden von den Pythagoräern die Zahl, das Maß und die Proportionen als göttlich angesehen, und jedes Bauwerk war eine Wiederholung der Welterschaffung. Das Wesen der Dinge ist nach Pythagoras demnach "die Zahl".

Proportionen und Zahlen sind ordnende Prinzipien der Kraft Gottes, die sich, versehen mit Gefühlen und Liebe, durch den Geist in den unendlichen Raum hinausschleudern. Dadurch sendet Gott Strahlen aus, die in mathematische Formeln, dann in genetische

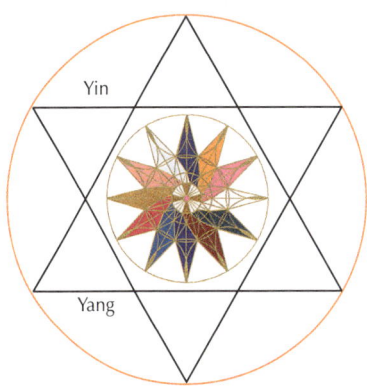

Vereinigung, göttlicher Geist und Materie im Herzen des Menschen

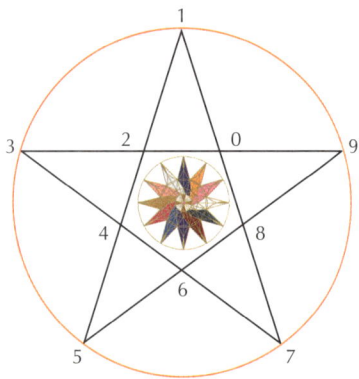

Der Mensch in seiner bewussten Ausrichtung zum Kosmos (das Pentagramm im Menschen)

Codes und schließlich in alle Geschöpfe übersetzt werden. Die in die Schöpfung eingeprägten Codierungen werden durch geometrische Muster (Kosmogramme) übertragen.

Diese geometrischen Muster sind auch in unsere Zellen, in die DNS eingeprägt.

Es sind: **Muster**, auf denen sich die Materie, die physische oder feinstoffliche, selbst aufbaut: Atome, Kristalle, Pflanzen, Tiere und der menschliche Körper.

Schlüssel, welche zu unserem Unter- und Überbewusstsein sprechen. Unsere Vorfahren wussten sehr viel über die heilige Geometrie.

Werkzeuge zur schnelleren Entwicklung. So können wir die heilige Geometrie nutzen, wenn wir von der Tatsache ausgehen, dass alles Energie ist. Mit unseren Gedanken können wir dann alles verändern und beeinflussen.

An dieser Stelle möchte ich wieder Bezug zum Herzstern nehmen, der aus der eigenen göttlichen Mitte seiner Grundstruktur als geometrisches Urmuster mit uns in Resonanz geht und durch alle Ebenen des göttlichen Urraumes, des Universums schwingt. Er verbindet uns mit der Blume des Lebens im Inneren der Erde und mit den kosmischen Prinzipien der Proportionen und der Zahlen sowie mit allen Schöpfungsebenen des göttlichen Geistes.

Wenn wir uns auf unserer Seinsebene mit unserer eigenen Göttlichkeit verbinden, indem wir die tiefe Liebe in uns durch Gedanken, Gebete, Meditationen und Mantren zum Schwingen bringen, ist allein so schon unglaublich viel Heilung für das Herzchakra unserer Erde möglich.

Mittelpunkt im Herzstern

»ICH BIN« – 1. Ebene

"ICH BIN" ist das hohe Selbst, das Christusbewusstsein, das Göttliche in uns, die Mitte, die Einheit, der göttliche Ursprung, unser Teil des göttlichen Vaters und der göttlichen Mutter. Auf dieser Ebene existiert alles, was ist. Hier können wir uns mit der göttlichen Quelle, mit unserem inneren Licht verbinden. Auf dieser Ebene existiert Harmonie, Ästhetik, Freude und vollkommener Frieden. In der Mitte, wo das Herz das Ganze und das Ganze das Herz ist, dort ist der Atem Gottes. Hier sind wir in Liebe mit Gott und mit allem verbunden, sind ALL-EINS. Zu diesem Zentrum unserer eigenen Göttlichkeit kommen wir nur durch die Entwicklung unseres Herzchakras bzw. durch die Entwicklung der uneigennützigen, universellen Liebe. Diese Kraft der Liebe ist die größte Kraft im Universum. Schaffen wir Menschen es, dieses wunderbare Gefühl zu entwickeln, werden wir spirituell und begeben uns auf die Suche nach dem Sinn unseres Lebens. Das Tor zu den anderen Dimensionen des "SEINS" führt nur durch das Herzchakra. Wir Menschen sehnen uns im Grunde unseres Herzens nach der wahren göttlichen und spirituellen Weisheit, diese Weisheit lehrt uns, wie das Universum und der Mensch erschaffen wurde.

Das Herz ist mehr als ein Symbol; es ist das Organ, das unseren Puls, unseren Rhythmus bestimmt. Aus diesem Grund ist es sehr wichtig, dass wir es vor emotionalen Verunreinigungen schützen. Schmerz, Hass, Neid und Eifersucht halten uns beharrlich fern von Frieden, Heiterkeit, Freude und vom Zustand des "Seins". "Sein" bedeutet, in der Mitte zu bleiben, in der Liebe und im Herzen Gottes. Ein Mensch, der den Christus in sich vereinigt hat, besitzt ein inneres Wissen, ein Bewusstsein über das, was die Menschen ein holographisches Bild nennen. Ein Christus-Mensch verkörpert den sechszackigen Stern. Er hat die beiden Dreiecke im Herzen vereinigt – er ist der Mittelpunkt im Kreis.

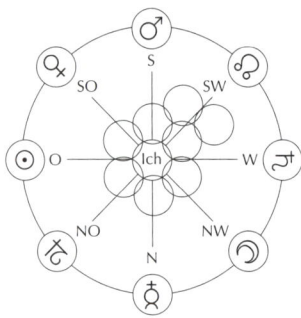

Der Kreis/die Kugel, die Urzelle des Lebens

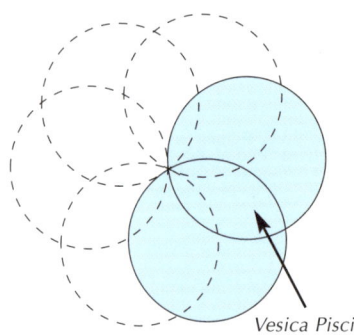

Vesica Piscis

Die Blume des Lebens entsteht durch Zellteilung und besteht aus sechs ineinandergreifenden und einem sich anschließenden Kreis.
Die Überschneidung zweier Kreise nennt sich »Vesica Piscis«.
Die »Vesica Piscis« ist ebenfalls ein heiliges geometrisches Symbol und steht für das Christusprinzip: Aussöhnung und in Einklang bringen sowie die heilige Vermehrung des Lebens selbst. Unsere Augen und der Mund, unsere primären Schnittstellen zur Welt, haben ebenfalls diese Form.

Der Kreis, die Welt der Materie

Der Kreis (die Kugel) ist das Zeichen der Einheit, der Ewigkeit und der Ganzheit, er ist die einzige geometrische Form, die in der Natur immer wieder vorkommt. Jedes Leben entsteht aus einer Zelle, einer Kugel. Hier erfährt der Mensch das Eingebundensein in seine Natur und in sein holistisches Umfeld.

In unserem Körper ist die heilige Geometrie der Blume des Lebens verankert, die durch die Zellteilung eines befruchteten Eis entsteht. Diese Zellen expandieren weiter, und es entsteht die Blume des Lebens mit sechs ineinandergreifenden und einer siebten alles umfassenden Zelle. Aus der Projektion weiterer Kugeln/Zellen entsteht das Ei des Lebens, die Struktur, die unseren Körper hervorbringt. Durch immer weitere Ausdehnungen bildet sich danach die Frucht des Lebens, aus deren Geflecht alle Einzelheiten unserer persönlichen Wirklichkeit hervorgehen.

Dies ist die Geometrie, die dem elektromagnetischen Feld zugrunde liegt und auf der alles Leben aufgebaut ist. Es ist das Muster oder das Schöpfungsprinzip für die "Manifestation unserer Wirklichkeit".

Der Kreis um uns herum ist die Welt der Materie.

Vom Zentrum, unserem Mittelpunkt des "ICH BIN" ausgehend, findet ein Austausch unterschiedlichster Energieformen statt. Wir stehen in direkter Interaktion mit der Natur, der Erde, den Gesetzen des Universums und allen Lebewesen. Die verschiedenen Jahreszeiten, die Kräfte der Himmelsrichtungen und die Gitternetze, die unsere Erde umspannen, prägen uns Menschen durch weitere Energieformen. Dazu wirken auch noch die Kräfte der Planeten, der Winde und die Frequenzen der Farben auf uns ein.

Durch diese spezifischen Bedingungen und verdichteten Strukturen der Energien wird dem Menschen und allen Geschöpfen der Erde die Gelegenheit geboten, gewisse Erfahrungen zu durchleben, um dadurch auf eine höhere Entwicklungsstufe zu gelangen.

1. Übung: Das Öffnen des eigenen Herzzentrums

Suchen Sie Ihren Platz der Ruhe auf, und nehmen Sie die Resonanzkarte "Herzstern" zur Hand. Atmen Sie 3-mal tief ein und aus ... Legen Sie nun Ihre linke, fühlende Hand auf diese Karte und die rechte Hand auf Ihr Herzchakra, und lassen Sie sich energetisch aufladen. Sie brauchen nichts weiter zu tun. Indem Ihre Hand auf dem Herzstern ruht, werden Sie mit den Energien der Erzengel und Aufgestiegenen Meister/innen aufgeladen, so entsteht eine energetische Brücke zu den Lichtebenen.

Konzentrieren Sie sich dabei auf Ihr Herz, und spüren Sie nach, wohin diese Energien fließen ..., stellen Sie sich vor, wie Ihr Herzraum warm und immer wärmer wird, bis es ganz heiß in Ihrem Brustraum ist. Genießen Sie dieses tiefe Gefühl der Freude, die Ihnen den direkten Kontakt mit Ihrer eigenen göttlichen Quelle vermittelt. Das Herzzentrum ist jetzt weit geöffnet.

Bevor Sie nun die Übung beenden, legen Sie Ihre linke Hand auch auf das Herzchakra, und spüren Sie nach, was nun geschieht!

Genießen Sie diesen Augenblick, und erfüllen Sie Ihre Meditation immer wieder mit dem göttlichen Wort "ICH BIN"; lauschen Sie der leisen Stimme, die aus dem eigenen Herzen kommt, es ist die Stimme Ihrer eigenen göttlichen Quelle, und die Verbindung wird dadurch intensiviert.

Falls Sie nicht sofort in diesen Zustand kommen, kann es sein, dass Sie noch etwas Zeit benötigen. Üben, üben, üben Sie, denn die Öffnung Ihres Herzchakras verschafft Ihnen immer schneller den Zugang zum Ihrem "ICH BIN-Zentrum" – und mit etwas Übung auch die Möglichkeit, mit der geistigen Welt zu kommunizieren. Es ist das Tor des eigenen Herzens, durch das wir alle gehen müssen, um mit den geistigen Welten in Kontakt zu kommen.

Hierzu bekam ich von meiner eigenen göttlichen Quelle eine sehr schöne Botschaft, die ich mit Ihnen teilen möchte:

Falls der Himmel wolkenfrei ist, beginnen Sie in dieser Zeit damit, abends regelmäßig Spaziergänge zu machen. Fühlen Sie dabei, wie Sie eine energetische Leiter durch goldene Fäden aufbauen, die sich gen Himmel streckt. Fühlen Sie sich geborgen unter dem großen Sternenzelt, und sehen Sie sich einfach nur die Sterne an.

Fühlübung

Um in Verbindung mit Ihrem Innersten zu kommen, beginnen Sie damit, regelmäßig einen Spaziergang zu machen und gehen Sie in die Natur. Orten Sie einen Gegenstand, z.B. einen Baum, und nehmen Sie ihn in seiner gesamten Größe, seinem Umfang wahr. Verbinden Sie sich gedanklich mit ihm. Was spüren Sie? Spüren Sie, wie sich die Blätter im Wind wiegen? Spüren Sie so lange nach, bis Sie selbst zum Baum werden. Was empfinden Sie jetzt? Spüren Sie, was passiert, ohne Bewertung. Spüren Sie, wie leise die Freude in Ihnen hochsteigt?

Nehmen Sie sich Zeit bei dieser Übung, und wiederholen Sie diese auch an Pflanzen, Tieren oder Menschen.

»Freude ist der Atem Gottes, wer ihn spürt, der lebt wahrhaftig. Denn diese Freude wird dem Menschen zuteil, der auf der Suche nach dem wahrhaftigen Leben ist. Die Erfüllung ist das Ziel!«

"Freue dich, denn die Freude segnet jedes Leben, jede Handlung und jedes Tun. Freude und Dankbarkeit in den Herzen der Menschen schreiben Rillen in die Haut der Erde. Diese Rillen sind aus der Essenz des Göttlichen, der ihr angehört. Diese Spuren in der Haut der Erde erzeugen Resonanzwellen – oder wie ihr es auch nennen könnt: Lieder. Diese leisen Schwingungen werden wiederum von den Generationen, die nach euch die Erde besiedeln, wahrgenommen. Je feinfühliger ein Mensch wird, je achtsamer er mit allem Leben umgeht, je geistiger er wird, je mehr Schwingung er aufnehmen und ertragen kann, desto vollständiger, schöner, ja wunderbarer wird das Leben auf eurer Erde sein. Deshalb seht, was ist, und wünscht euch das, was sein sollte, das, was euer Vater für alle, ja für alle seine Geschöpfe geschaffen hat. Darum hütet, was ist, und helft mit euren Gedanken, Sehnsüchten und Vorlieben den Veränderungen, die sich entwickeln.

So seid ihr, meine Kinder! Meine Kinder, die mich lieben und zu mir zurückgekommen sind, um mir zu dienen mit aufrichtigem Herzen. Meine Liebe wird allen, die mir zuhören können, den wahrhaftigen Weg weisen. Das Vertrauen zu mir wird den Weg beleuchten und euer Gemüt erhellen. Wie schön ist es für mich, in eure Herzen zu schauen, wenn die Liebe erstrahlt im schönsten Glanz.

So sei auch du, mein Kind, dir meiner Liebe sicher, höre meinen Atem und lausche tief in dich hinein. Höre die Klänge der Liebe. Vertraue deinem Geist, und folge deiner Intuition. ICH BIN der, der ICH BIN, reiche mir deine Hand, gehe mit mir deinen Weg – und vertraue. Vertraue, mein Kind, den Gesängen der Liebe, und lass dich fallen, meine Liebe fängt dich auf.

Frohlocke, jauchze, jubiliere!

So sei es jederzeit und immerdar."

Kosmische Farbstrahlen durchfluten unser Sein

Das Sonnenlicht besteht aus den unterschiedlichsten Farbnuancen, die aufgrund der Lichtbrechung für unsere Augen sichtbar werden. Das gesamte Leben auf unserem Planeten wird vom alles durchdringenden Licht der großen Zentralsonne gesteuert. Dieses aus dem Kosmos strömende Licht ist lebendige Nahrung und unser Lebenselixier, die Grundsubstanz für "ALLES-WAS-IST".

Unsere Erde empfängt dieses Licht von unseren Sonneneltern HELIOS und VESTA, die dieses Licht wiederum auf die Lichtbrennpunkte bzw. Lichttempel – meistens im Ätherreich über der Erde liegend – verteilen. Wir sind dementsprechend in alle Systeme um unsere physische Sonne und ihre Planeten eingebunden. Diese Lichtbrennpunkte lenken das Licht in allen Facetten in unsere Atmosphäre, wo es durch unsere feinstofflichen Organe, die so genannten Chakren, aufgenommen und verarbeitet wird. Es ist die Nahrung zur Erhaltung unserer Lebenskräfte. Die Lichttempel, die uns mit dieser Nahrung versorgen, reduzieren diese Lichtenergie gemäß dem Bewusstsein der Erdbevölkerung, da wir die hohen Lichtfrequenzen des göttlichen Lichtes nicht ertragen könnten.

Je weiter ein Mensch entwickelt ist und je mehr Farbstrahlen in seinen feinstofflichen Körpern verankert sind, desto höher wird sein eigenes Energieniveau. Dies bedeutet, dass wir die universelle Liebe leben müssen, um davon profitieren zu können. Das Licht der göttlichen Farben ist anders ausgedrückt: Liebe, Lebensfreude, Schönheit, Harmonie, Struktur und Klang. Entwickeln wir diese Fähigkeit zur uneingeschränkten göttlichen Liebe, beginnt die in unserem Herzen eingebettete dreifältige Flamme zu strahlen. So ist also in unseren Menschenherzen die Flamme der Liebe eingebettet, die wahre Nahrung für uns bedeutet.

Der MAHA COHAN lenkt die Farbstrahlen, die von HELIOS und VESTA ausgehen, in seine Sphäre, um sie dann über die Lichtstätten der Großen Weißen Bruderschaft in die Reiche der Menschen und der Natur zu senden.

Mit jeder Inkarnation wählen wir einen bestimmten Farbstrahl von den nachfolgend beschriebenen Strahlen aus, um seine Eigenschaften zu lernen. So lernen wir im Verlauf unserer vielen Leben hier auf der Erde durch die unterschiedlichen kosmischen Schwingungen alle Aspekte der göttlichen Tugenden. Die damit verbundenen Lektionen

Das Licht der Sonne mit einem 3-D-Raster fotografiert!

Die heilige dreifältige Flamme ist ein Symbol der Liebe, das in unseren feinstofflichen Herzen verankert ist, und besteht aus den Aspekten der Farbstrahlen:

1. Rosa = universelle Liebe
2. Goldgelb = Weisheit
3. Blau = göttlicher Wille

Beginnt die dreifältige Flamme in unserem Körper zu strahlen, wird unser Lebensumfeld mit dieser hohen Schwingung zusätzlich versorgt, und alle Pflanzen, Tiere, Menschen nehmen diese besondere Energie auf und bekommen entsprechende Impulse.

2. Ebene – sieben kosmische Hauptstrahlen mit den fünf ergänzenden Strahlen

Zuordnung der Strahlen zu den Wochentagen

Sonntag - Planet Sonne

müssen von uns angenommen, gelernt und ins Leben integriert werden. Die Elohim arbeiten hier ebenso wie die Erzengel, Engel und Aufgestiegenen Meister mit uns Menschen eng zusammen, wenn wir eine gewisse Reife erlangt haben.

Die kosmischen Weltenstrahlen und ihre Aspekte

Aus dem Mittelpunkt der Schöpfung fluten die kosmischen Lichtkräfte, die alles Leben erschaffen und erhalten. Sie nehmen ihren Weg über die Zentralsonne und die einzelnen Stationen der kosmischen Hierarchien bis zu unserem Sonnensystem. Immer weiter wird die Energie verdichtet und von den einzelnen Planeten transformiert. Durch die Planetenkräfte und durch große Lichtwesen werden diese kosmischen Strahlen dann in sieben Hauptstrahlen aufgeteilt, die jeweils bestimmte Eigenschaften repräsentieren. Diese Hauptstrahlen werden von ihren Brennpunkten in der Erdatmosphäre zentriert und zur Entwicklung allen Lebens ausgestrahlt und stehen mit den sieben kreativen Planeten unseres Sonnensystems in direkter Verbindung; sie beeinflussen und unterstützen die irdische Inkarnation des Menschen.

Im Tempel des Trostes hat der Maha Cohan (Paolo Veronese) sein hohes Amt. In diesem Brennpunkt wird seit Zeitaltern die Strahlung des Trostes für die Menschen herangezogen und verankert. Die Lenker aller Strahlen unterstehen dem Maha Cohan, sein Strahl wird vom jeweiligen Meister seines eigenen Strahles empfangen, belebt und verstärkt. Vom Tempel des Trostes wird überallhin die segnende und erneuernde Strahlung des Heiligen Geistes für diesen Planeten ausgegossen. Auch die Natur empfängt diesen Segensstrom für ihre vielfältigen Aufgaben.

1. Farbstrahl: Königsblau von Meister EL MORYA
   Aspekt: Glaube, Schutz, Stärke, göttlicher Wille
   Tugend: Entwicklung von Mut, Entscheidungskraft und göttlicher Ausdruck

2. Farbstrahl: Goldgelb von Meister Konfuzius
    Aspekt: Weisheit, Erleuchtung, Beständigkeit und Intelligenz
    Tugend: Erleuchtung, Intuition und göttliche Verbindung,
        Selbstwert

Montag - Planet Mond

3. Farbstrahl: Rosa von Meisterin Lady Rowena
    Aspekt: göttliche Liebe, Freiheit, Toleranz
    Tugend: schöpferische Kreativität, Transformation des Egos,
        selbstlose Liebe

Dienstag - Planet Mars

4. Farbstrahl: Weiß von Meister Serapis Bey
    Aspekt: Reinheit, Disziplin, Harmonie und Aufstieg
    Tugend: Erkennen des Lebensplanes, Meisterschaft aller
        göttlichen Gesetze
Einflussbereiche: Bildungswesen, Kommunikationsbereiche

Mittwoch - Planet Merkur

5. Farbstrahl: Grün von Meister Hilarion
    Aspekt: Wahrheit, Konzentration und Heilung
    Tugend: Gerechtigkeit, Aufrichtigkeit und Konzentration
        auf die eigene Wahrheit
Einflussbereiche: Rechtsprechung, Wissenschaft und Gesundheitswesen

Donnerstag - Planet Jupiter

6. Farbstrahl: Rubinrot von Meisterin Lady Nada
    Aspekt: selbstloses Dienen, geistige Heilung und univer-
        seller Frieden
    Tugend: Beherrschung aller negativen Emotionen, wie Neid
        und Eifersucht
Einflussbereiche: Kunst, Religion und universelle Entwicklung

Freitag - Planet Venus

7. Farbstrahl: Violett von Meister Saint Germain
    Aspekt: Transformation, Umwandlung, Vergebung und
        Hingabe
    Tugend: Barmherzigkeit, Mitgefühl, Geduld und Gnade
Einflussbereiche: struktur- und formgebend, Stabilität und Festigkeit

Samstag - Planet Saturn

Je mehr Tugenden wir in uns entwickeln und in unsere Welt lenken, umso klarer und eindeutiger wird auch jede Entscheidung ausfallen, so wird jedes unserer Probleme gelöst. Es hängt also viel davon ab, wie weit wir unsere Negativkräfte aufgelöst und umgewandelt haben.

Um diesen Prozess zu erleichtern, wurden im Jahr 1987 fünf weitere Strahlen aktiviert. Sie unterstützen die beschriebenen Strahlen und verstärken deren Wirkung. Die fünf ergänzenden Strahlen wirken verstärkt im Unterbewusstsein. *(Zusammenfassung siehe Seite 64)*

Die Wirkung der fünf ergänzenden Farbstrahlen

Sonntag- auf Montagnacht

8. Farbstrahl: Aquamarin vom MAHA COHAN
    Aspekt: Unterscheidungsvermögen, Klarheit
Der Strahl hilft, besser zu unterscheiden, er schenkt uns Klarheit und Informationen über unseren göttlichen Plan. Der achte aquamarinfarbene Strahl wirkt zwischen Halschakra und Drittem Auge und kann auch überall hingelenkt werden, wo wir Klarheit in unserer Ausrichtung benötigen.

Montag- auf Dienstagnacht

9. Farbstrahl: Magenta von Meister Jesus Sananda
    Aspekt: Liebe, Frieden, Harmonie und Herzenswärme
Es ist der Strahl für Liebe, Frieden, Harmonie und Herzenswärme. Der neunte Strahl unterstützt den dritten Strahl von Lady Rowena und hat eine absolut ausgleichende Wärme.

Donnerstag- auf Freitagnacht

10. Farbstrahl: Gold von Meister Kuthumi
    Aspekt: Fülle, Reichtum, Lebensfreude.
Es ist der Strahl der inneren Ruhe, der für Fülle, Reichtum und Geborgenheit steht. Gold ist seit Menschengedenken ein Garant für Reichtum und Fülle, für das Gefühl von großem Wert und Sicherheit.

11. Farbstrahl: Pfirsich von Meister Lord Maitreya
     Aspekt: Freude, vollkommener Plan und göttliche Aufgabe
Es ist der Strahl der Freude, des vollkommen Planes und der göttlichen Aufgabe. Er verbindet die Menschen mit der Liebe Gottes und konfrontiert sie mit der wahren Berufung, der eigenen Lebensaufgabe.

Donnerstag- auf Freitagnacht

12. Farbstrahl: Opal von Meister Sanat Kumara
     Aspekt: Der siebte und zwölfte Farbstrahl stehen für Um-
              wandlung und Wiedergeburt, sie stehen am Ende
              eines Wandlungsprozesses.
Mit jeder Inkarnation wird dieser Wandlungsprozess fortgeführt, teilweise im Fortschritt, teilweise im Verharren in alten Mustern. Der opalfarbene Strahl will auf der geistigen Ebene die Wiedergeburt im Licht einleiten.

Freitagnacht auf Samstag

Diese Farbstrahlen können wir bewusst in alle Bereiche unseres Lebens ziehen. Wie wir das tun, werde ich in verschiedenen Abschnitten des Buches mit Übungen begleiten.

2. Übung:
Die Verbindung mit den Ebenen des Lichts

Meditation von Mutter Maria

"Geliebte Kinder,
nehmt den Stern, und atmet tief ein und aus, atmet so 3-mal ...
Geht in euren Herzraum, und konzentriert euch auf den Stern. Stellt euch vor, wie die Strahlen des Sternes von unten aufsteigen, euch umkreisen, sich hochdrehen wie eine Spirale, und wie gleichzeitig von oben die Farbstrahlen der einzelnen Meister euch erfassen, umkreisen und eure Energien erhöhen. Spürt die Energien der Liebe, die euch erreichen, wie sie euch erfassen, erhöhen, euer ganzes Sein

Sieben kosmische Hauptstrahlen mit den fünf ergänzenden Strahlen

Regelmäßige Zeiten für Meditation und Kontemplation sind nicht nur Nahrung für die Seele, sondern öffnen uns für neue Dimensionen des Lebens.

erhöhen. Spürt die Liebe der Meister um euch herum, in euch, unter euch, über euch, dehnt diese Liebe aus, spürt, wie eure Aura größer, weiter, immer weiter wird. Spürt, wie diese Liebe die Grenzen eures Landes verlässt, sich ausweitet, weiter ausweitet und die ganze Erde erfasst. Spürt, wie es ist, wenn euer Bewusstsein, gepaart mit eurer Liebe, den ganzen Globus erfasst, umfasst, und wie diese Liebe die Herzen der Menschen erreicht. Stellt euch vor, wie jeder einzelne Mensch von dieser Liebe berührt wird.

Nun, da ihr diese Liebe in eurem Herzen tragt, die Liebe der Meister euch erfasst hat, geht mit dieser Liebe hin zu Mutter Erde, verbindet euch tief mit dem Herzchakra von Gaja, das sich in der Erde befindet. Schickt Gaja diese Liebe, verbindet euch mit ihr.

Spürt ihr ihre Liebe?

Spürt ihr, wie ihr Herz sich öffnet für euch?

Spürt ihr dieses unbeschreibliche Gefühl ihrer Liebe zu den Menschen?

Spürt nach, fühlt diese Liebe, denn die Liebe Gajas ist immer für euch da!

Sie nährt euch, sie gibt euch alles, was ihr zum Leben braucht, aber es ist keine Selbstverständlichkeit.

Wenn ihr das Gefühl der Liebe zur Erde und ihre Liebe zu euch ausgekostet habt, wenn ihr es ganz in euch aufgenommen habt, wenn ihr ganz ‚SIE' seid und ihr euch eins mit ihr fühlt, bedankt euch bei Mutter Erde und kommt langsam, langsam in euer Tagesbewusstsein zurück.

Spürt nach, wie wunderbar, wie einzigartig diese Verbindung zu eurer Erde ist, und bedankt euch bei ihr für die Liebe, die sie euch tagtäglich gibt.

Eure Mutter Maria."

Die Wirkung der Farben auf den Menschen

Farben sind Kräfte, die auf den Menschen wirken und Wohlbefinden oder Unlustgefühle, Aktivität oder Passivität erzeugen. Farben werden von uns Menschen über verschiedene Kanäle und Ebenen aufgenommen, wie z. B. über die Haut, die Augen, über die Aura mit ihren dazugehörigen Chakren und über die Feinsinne. Bei einer ganzheitlichen Wahrnehmung der Farben sind immer diese drei Ebenen zuständig:

1) Die materielle Ebene ist die Ebene unserer Wahrnehmung über die Augen. Hier wird das Spektrum der Farben über die Augen im Gehirn wahrgenommen, das von persönlichen Assoziationen geprägt ist.

= die Ebene, in der wir täglich leben

2) Die emotionale Ebene ist teilweise geprägt durch unsere Wahrnehmung über die Augen, durch die Interaktion mit der eigenen emotionalen Ebene und durch die Feinsinne.

= die Ebene unseres Empfindens und Fühlens

3) Die geistige Ebene wird über die Aura, die Feinsinne und die oberen zwei Chakren wahrgenommen.

= die Ebene unserer Gedanken

Unsere Zellen werden von Farbblitzen angeregt und versorgt. Die so gewonnene Energie des gesamten Farbspektrums wird von uns wieder abgegeben; so stehen wir in Interaktion mit allen kosmischen Energien. Diese Energien stehen auch in Interaktion mit der Erde und somit auch mit allen Wesen, Pflanzen und Bäumen. Farbe ist ständig wandelbar und ändert sich, je nach Einfluss. Unser Sonnenlicht bringt alle Teile in Resonanz, die in einem Gegenstand enthalten sind, wobei Lampenlicht z. B. nur zum Teil in Resonanz geht. Daraus können wir für uns ableiten: Falsche Lichtverhältnisse wirken sich nachteilig auf uns Menschen aus.

Farben wirken nur auf uns Menschen, wenn sie vom Licht der Sonne angestrahlt werden.

Alles, was lebt, hat das Licht der Farben in den Zellen und strahlt dieses aus. Die Höhe der Energie eines jeden Wesens drückt den Gesundheitszustand aus. Diese verschiedenen Abstrahlungen können mit einem BOVIS-Meter, einer so genannten Lebensenergieskala, gemessen werden. Der Neutralwert liegt bei 6.500 Bovis-Einheiten, und je höher die Einheiten schwingen, umso gesünder ist der Mensch. Bei einer Einheit von über 10.000 Bovis wird der Mensch spirituell, lebt in seiner Geisteskraft, in der Freude und wird zu einem Kraftplatz für die Erde. Unter 6.500 Bovis-Einheiten leidet der Mensch an Unwohlsein, Mattigkeit, Antriebsschwäche und wird krank.

Bovis-Einheit
wurde nach dem franz. Physiker Bovis benannt, der sich intensiv mit feinstofflichen Schwingungen befasst hat.

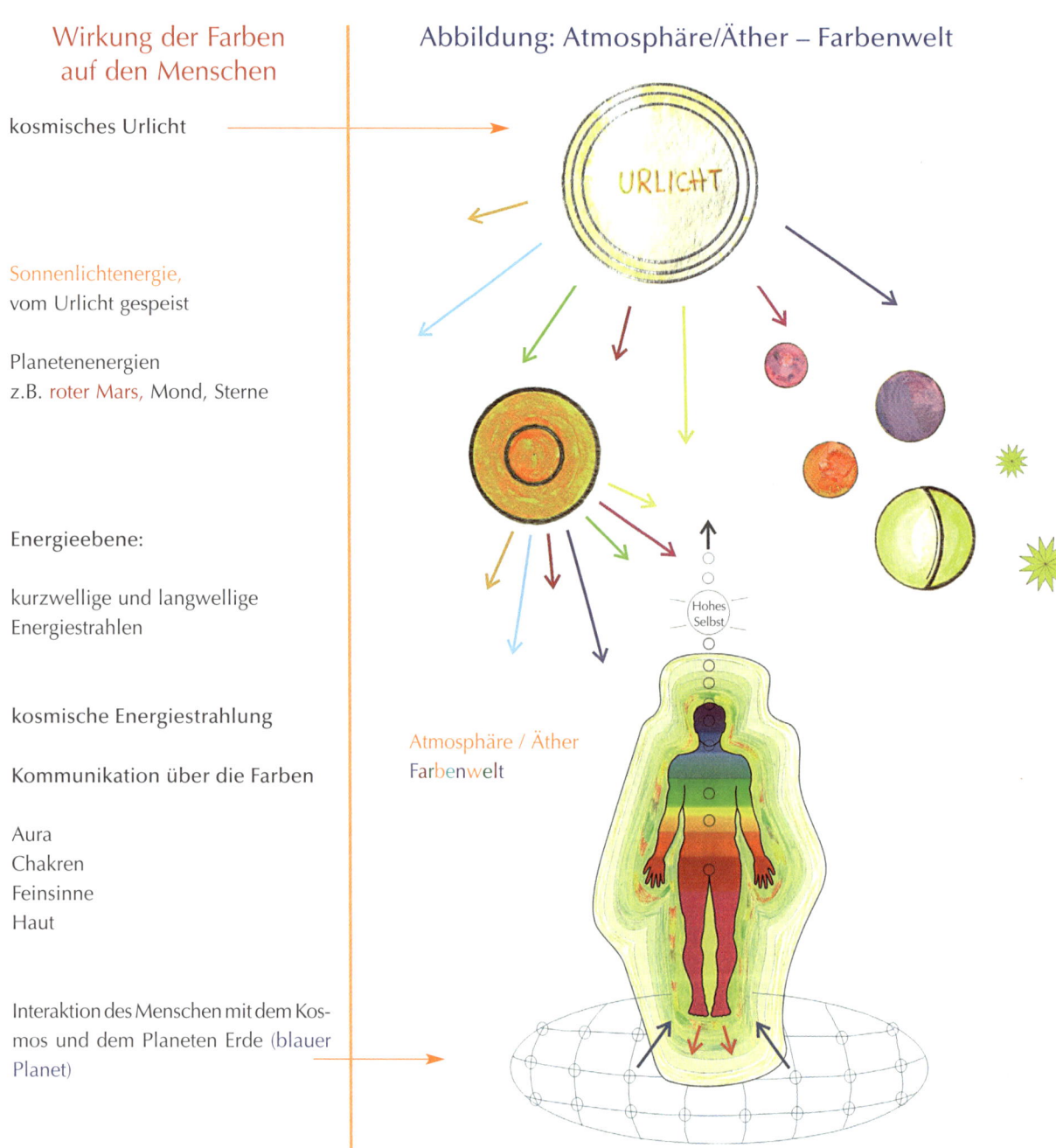

Wirkung der Farben auf den Menschen

Abbildung: Atmosphäre/Äther – Farbenwelt

kosmisches Urlicht

URLICHT

Sonnenlichtenergie,
vom Urlicht gespeist

Planetenenergien
z.B. roter Mars, Mond, Sterne

Energieebene:

kurzwellige und langwellige
Energiestrahlen

kosmische Energiestrahlung

Kommunikation über die Farben

Aura
Chakren
Feinsinne
Haut

Hohes
Selbst

Atmosphäre / Äther
Farbenwelt

Interaktion des Menschen mit dem Kosmos und dem Planeten Erde (blauer Planet)

Über die Wirkung der Farben

Die Ebene der feinen, geistigen Künste sagt hierzu Folgendes:

"Geliebte Erdenbürger,

ihr, die, wie ihr wisst, auf dem blauen Planeten inkarniert seid, um euch zu entwickeln und zu entfalten, um am Aufstiegsgeschehen der Erde in der 'Tat', und dies betonen wir deutlich, im tatsächlichen Sinn mitzuwirken, ihr habt durch die Farbe Blau eine sehr starke, unterstützende Kraft – schon allein dadurch, wenn ihr euch auf der Erde verankert fühlt oder euch ganz bewusst mit dem Planeten verbindet. So ist die blaue Farbe eine Substanz oder ein Energieträger, ohne den ihr euch nicht einmal im 'HIER und JETZT' verankern könntet. Denkt einmal darüber nach!

Wenn euch dies klar geworden ist, könnt ihr verstehen, dass die Regenbogenfarben auch in eurer physischen Atmosphäre vorhanden sind. Zeitweise könnt ihr sie auch sehen, diese verschiedenen Farbspektren der göttlichen kosmischen Ordnung. Ihr seht also zeitweise diese Strahlen und schaut ihnen gebannt zu und wisst intuitiv, dass dies, was ihr schaut, ein übernatürliches Phänomen ist. Wenn ihr jetzt eurem tiefen inneren Gefühl nachgeht, dann könnt ihr auch fühlen, dass diese Farben in euch etwas zum Klingen bringen. Die Energien oder Schwingungen aller Farben erzeugen Klänge. Je feiner, heller, durchscheinender und reiner ihr eine Farbe seht, umso mehr wirkt sie auf euer Unterbewusstsein in ihrer schönsten Schwingung oder in ihrem reinsten Ton.

Es ist ein wahres Wunderwerk der göttlich-kosmischen Ordnung. Alle verschiedensten Farben haben darin ihre eigene Aufgabe, ihre eigene Struktur von Farbklängen. Könntet ihr die Vielfalt der euch umgebenden Farbenwelt sehen, ihr würdet staunen und ehrfürchtig erkennen, wie vollkommen alles Geschaffene aus der Urmaterie ist! Dies ist also ganz bedeutend für euch zu wissen, dass es ohne Farben keine Materie gibt, also Formen oder Entwicklungsformen, die auf die physische Ebene kommen. Dies ist ein kosmisches Gesetz. Menschen können diese kosmische Ordnung nicht ändern. Und so liegt es nahe, dass wir euch sagen, nutzt diese ordnenden Prinzipien, wendet sie in eurem Leben an. Vieles wird einfacher, wenn ihr euch mit den Energien der Farben verbindet. Ladet die Lenker und Wesen dieser Farbstrahlen in euer Leben ein, damit sie euch helfen, die Tugenden, die mit jedem einzelnen Farbstrahl verbunden sind, in eurem Leben zu integrieren. Hier möchten wir euch auch mitteilen, dass ihr durch eure Kleidung viel mehr Farbe in euer Leben ziehen könnt. Denn wenn ihr euch in gelb und grün kleidet, zieht ihr die Energien von Freude und Gesundheit an. Warum tragt ihr so viel schwarze Kleidung? Schwarz hat keinen Farbklang! Nichts, was aufbauend wäre, ist dieser Farbe zu eigen.

So, geliebte Freunde, geht es mit vielen Farben. Rot ist z. B. eine stimulierende Farbe, die sehr viel Aggression erzeugt, ob ihr das versteht oder nicht. Rot hat auf vielen Schichten und Ebenen eine sehr aggressive Wirkung, von der nur das tiefe, warme Rot des Rubins ausgenommen ist. Das Rubinrot und auch Rosa in seiner sehr pastelligen Form erzeugen auf allen Ebenen den Ausgleich unterschiedlichster Energien. Es sind sehr besänftigende Töne, die auf die menschliche Seele aufbauend, beruhigend und friedvoll einwirken.

So erkennt, geliebte Freunde, den Wert der Farben an, versucht euch einzufühlen auf jede verschiedene Form von Farbschwingung, die euch erreicht, und werdet sensibel für die euch umgebende Farbenwelt. Nutzt diese Möglichkeiten, nutzt sie, wenn ihr in der Natur seid. Schaut euch die verschiedenen Farben genau an, und holt sie visuell in euren feinstofflichen Körper. Ihr werdet erstaunt sein, welche positiven Wirkungen dadurch erzielt werden.

Gott zum Grüße!"

Ebenen der Farben im menschlichen Körper

3. Ebene Gelb: (+)

a) **physische Ebene:**
Vitalität, stärkt das Nervensystem, unterstützt Herz und Kreislauf, Bewegung, aktiv, nährend

b) **emotionale Ebene:**
Gedanken, Aufrichtigkeit, Feinfühligkeit, Leichtigkeit, Heiterkeit, Freude

c) **geistige Ebene:**
Gedankenfreiheit, Inspiration, intuitive Wahrnehmung, Klarheit

Gelb nährt unsere Erkenntnisfähigkeit durch unser Fühlen, unsere Denkkraft und unseren Intellekt.

2. Ebene Orange: (+)

a) **physische Ebene:**
Sexualenergie, direkter Einfluss auf die Fortpflanzungsorgane, Stärkung des gesamten Immunsystems, Regenerationskraft

b) **emotionale Ebene:**
Lebensfreude, Kontaktstärke, Kreativität, Tatendrang, Begeisterung

c) **geistige Ebene:**
Unterstützung des Sakralchakras, Gedankenfreiheit, Verehrung

Orange vermehrt unsere Lebensfreude und Begeisterung.

1. Ebene Rot: (+)

a) **physische Ebene:**
Wärme, Vitalenergie, anziehend, unterer Beckenraum, Blut

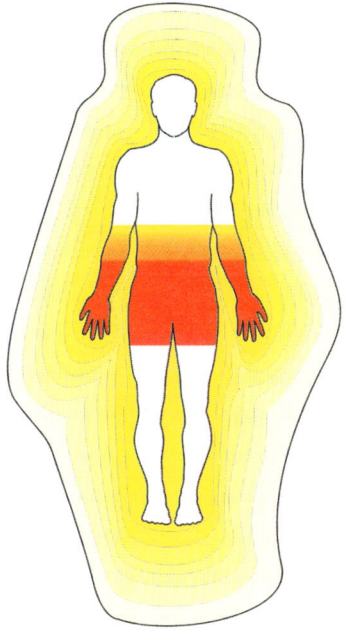

Wirkung der Farben auf die Körperzonen

55

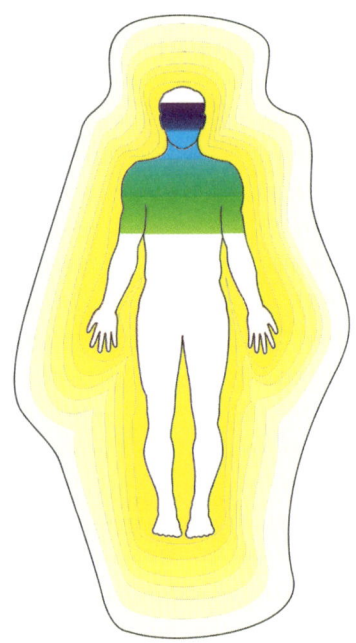

Wirkung der Farben im oberen Bereich des Körpers

b)   **emotionale Ebene:**
     Wille, erregend, anregend, Druck, Macht, Wut, Anreiz

c)   **geistige Ebene:**
     Verehrung, spirituell, heiliges Feuer, Erdung

Rot unterstützt unsere Urkraft, die reinen Lebenskräfte des
     Menschen.

6. Ebene Indigo: (+)

a)   **physische Ebene:**
     normalisiert die Funktion aller Drüsen, den Hormonhaushalt

b)   **emotionale Ebene:**
     Dankbarkeit, Engagement, Idealismus

c)   **geistige Ebene:**
     edle Gesinnung, spirituelle Wahrheit, visionäre Kraft und
     Intuition, Demut, Bescheidenheit

Indigo ermöglicht es uns, die innere Stimme wahrzunehmen,
     der Intuition zu vertrauen; dadurch werden wir kreativ.

5. Ebene Blau: (+)

a)   **physische Ebene:**
     kühlend, auflösend, vibrierend und kräftigend, säubernd
     und erdend

b)   **emotionale Ebene:**
     Klarheit, Stabilität, aufrichtig, Ausdehnung, feine Aus-
     drucksweise

c)   **geistige Ebene:**
     edle Gesinnung, spirituelle Wahrheit, Erkenntnis, Hingabe

Blau wirkt auf unseren Willen, auf unsere Ausdruckskraft und
     auf den Mut.

4. Ebene Grün: (+)

a) **physische Ebene:**
in die Mitte führend, kühlend, heilend, Vitalität

b) **emotionale Ebene:**
beruhigend, entspannend, achtsam, sanftmütig, ursprüngliche kindliche Freude, Ausdehnung, Gleichgewicht

c) **geistige Ebene:**
Klarheit, nährende Liebe, friedvoll, fördert das Urteilsvermögen

Grün ermöglicht es uns, in die eigene Mitte zu kommen, mit Grün erhalten wir Heilung auf allen Ebenen.

7. Ebene Violett bis Magenta: (+)

a) **physische Ebene:**
gleicht das Herzzentrum aus, gut für Lunge, Leber und Nieren

b) **emotionale Ebene:**
Hingabe, Ehrerbietung, Idealismus in seiner reinsten Form

c) **geistige Ebene:**
edle Gesinnung, spirituelle Wahrheit, Selbstfindung

Violett konfrontiert uns mit der Sehnsucht nach Ganzheit.

Die 7. Ebene unseres Körpers steht auch in Resonanz zu unseren Füßen und zu den Nebenchakren der Fußsohlen, die für unsere Erdung sorgen – aus diesem Grund die etwas ungewöhnliche Farbkombination. Pink ist auch für die Beine zuständig, und Störungen unseres physischen Körpers, die mit unseren Beinen zu tun haben, haben auch ihre Ursachen im 7. Chakra.

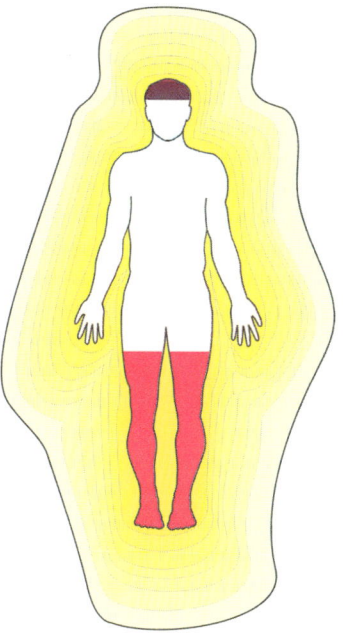

Das Scheitelchakra und die Nebenchakren der Fußsohlen stehen miteinander in Beziehung.

Farbe wird von uns über die Augen und über die Haut aufgenommen!

Im Winter leiden sehr viele Menschen an einem Krankheitsbild, das durch das Fehlen von Sonnenlicht verursacht wird: Depression, Rückzug, Erschöpfung usw. Falls Sie im Winter depressiv, lethargisch und an sozialen Kontakten kaum interessiert sind, machen Sie viele Spaziergänge, und richten Sie sich Ihre Zimmer sonnig ein, denn die Farben Gelb und Orange verleihen Freude und Heiterkeit.

Achten Sie immer darauf, dass bei der Befragung der Farben stets die drei Ebenen auseinandergehalten werden:
1. physische Ebene = Körperebene
2. emotionale Ebene = Gefühlsebene
3. geistige Ebene = Gedankenebene

Die Vitalität eines jeden Wesens wird über die Farbstrahlung in der Aura erkannt!

Welche Farben gefallen Ihnen besonders gut?

3. Übung: Farbvisualisierung

Visualisieren ist eine Technik, bei der man die eigene Vorstellungskraft einsetzt. Mit einer Farb-Visualisierung können wir uns die Energie der Farbe zuführen, die wir auf einer der drei Ebenen – der physischen, der emotionalen oder der geistigen – benötigen. Durch den Herzstern und über unser Gefühl bekommen wir Impulse für die richtige Auswahl der Farben. So einfach ist das!

Dabei kann Folgendes geschehen:
1. Wenn wir eine Abneigung gegen eine bestimmte Farbe verspüren, kann das eine mögliche Blockade sein. Anhand der Abbildungen auf den vorherigen Seiten können wir sehen, in welchem Bereich des menschlichen Körpers die Farben wirken und welche Organe mit den Farben in Verbindung stehen.
2. Es kann auch sein, dass wir uns zu einer Farbe besonders hingezogen fühlen. Diese Farbe möchte uns unterstützen, oder wir benötigen diese Farbe gerade in unserem Leben.

Bei dieser Übung geht es erst einmal um die Wahrnehmung. Wie fühlt sich eigentlich Farbe an? Kann ich Farben auch wirklich spüren?

Hier geht es ums Fühlen, darum, sich einzufühlen auf die Energie-Frequenzen der Farben.

Suchen Sie wieder Ihren Meditationsplatz auf, und nehmen Sie sich den Herzstern zu Hilfe. Atmen Sie 3-mal tief ein und aus, und versenken Sie Ihren Geist in tiefe Ruhe. Schauen Sie dabei auf den Stern, und wählen Sie eine Farbe, die Ihnen besonders auffällt oder besonders gut gefällt. Legen Sie jetzt einen oder mehrere Fingerspitzen auf diese Farbe, und bleiben Sie einige Augenblicke darauf konzentriert.

Stellen Sie sich nun vor, wie Sie die Energie dieser Farbe in Ihren Händen spüren. Kribbelt es dort? Spüren Sie nach. Wenn Sie dieses Kribbeln wahrnehmen, sind Sie mit den Energien dieser Farbe verbunden. Stellen Sie sich dabei die Farbe bildlich vor, und schließen Sie Ihre Augen, damit Ihr Gefühl sich nach innen richtet.

Jetzt legen Sie Ihre beiden Hände wieder auf den Brustraum, die rechte zuerst und darauf die linke Hand, und bleiben Sie weiterhin auf die Farbe konzentriert. Stellen Sie sich nun vor, wie die Farbe Ihren Körper mit Energie versorgt. Nach einiger Zeit spüren Sie die Hitze in Ihrem gesamten Körper, und die Energieübertragung ist abgeschlossen.

Eine Botschaft von Mutter Maria für unseren Lichtweg:

"Friede sei mit euch, und Friede sei in eurem Tun. Dies ist sehr wichtig für euch, die ihr unsere Unterstützung auch braucht, um den Weg in die Einheit zu gehen. Siehe, wie viele Erfahrungen und auch Läuterungen durch die Beschreitung dieses Lichtweges geschehen, die euch wiederum Stufe für Stufe auf eurer Lebensleiter emportragen.

So freue ich mich über deinen Entschluss, dieses Wissen den Menschen näherzubringen, damit sie eigenverantwortlich damit umgehen können. Siehe mein Kind, dies ist es, was wir schon seit Zeitaltern wünschen, die Freiheit und Unkontrollierbarkeit des Geistes durch das HÖHERE ICH, die QUELLE und die Einheit mit ALLEM-WAS-IST. Dies geht nur in der eigenverantwortlichen Entwicklung aller Tugenden, besser gesagt aller göttlichen Aspekte der Farbstrahlen, die ja die göttlichen Tugenden sind. Ohne die Integration derselben und ein gelebtes Leben in diesem Sinn ist die Entwicklung des Menschen nur ein scheinbarer Prozess, der der linken Gehirnhälfte angehört und nur mit dem rationalen Geist erfasst wird. So sei dir gesagt, gerade auf dem Gebiet des Geistes und der Wissenschaft gerät der Mensch schnell wieder in die Abhängigkeit, und es wird wieder Karma aufgebaut, da die Freiheit des geistigen Wachstums von den verschiedenen Praktiken und Lehren in eine Richtung vorangebracht wird, ohne dass die anderen Teile des Bewusstseins dahingehend mitschwingen können.

Wirklichkeit im geistigen Wachstum, d. h. Veränderungen können nur durch den Gebrauch beider Gehirnhälften stattfinden, und dazu ist euer wichtigstes Organ, das Herz, da. Euer wahrer Fortschritt in die Reiche des Lichtes und zur göttlichen Quelle kann nur über das Herz erreicht werden.

Doch so wisset, kein Mensch kommt zum Vater, wenn er nicht die Liebe in seinem Herzen trägt, sie hegt und nährt und die Verbindung zur göttlichen Quelle sucht. Wir aus unseren Lichtreichen haben es uns zur Aufgabe gemacht, Hilfestellungen und Werkzeuge zur Verfügung zu stellen, damit ihr schneller voranschreitet auf eurem Lichtweg. So wisset, und ich bitte dich darum, auch dieses Channel, was du zur eigenen Unterrichtsreihe an dir selber nutzen möchtest, diese hohe Wahrheit an die Menschen weiterzuleiten, die auf der Suche nach Gott, dem Allerhöchsten sind, dem ALLES-WAS-IST. Hier liegt der Anfang verborgen, die Sehnsucht, die Rückverbindung mit den Erinnerungen und der Sehnsucht im eigenen Herzen. Hier liegt der Wunsch verborgen, euch in eurem Herzen wieder mit Gott, mit Mutter-Vater-Gott zu vereinen.

Aber dies, meine geliebten Kinder, geht wirklich nur durch eine sorgsame Innenschau, eine tatsächliche Erforschung eures tiefsten Inneren. Hier geht es um die Erforschung eures Gewissens in der Tat. Und an diesem Punkt eures Entwicklungsweges können wir, die Helfer aus den Ebenen des Lichtes, zu euren Helfern werden. Doch dies geschieht nur durch euren freien Willen, durch eure Anrufung!

Bittet um Hilfe, und sie wird immer zu euch kommen. Dies ist ein göttliches Gesetz, ohne eure Anrufung können wir nicht einschreiten. Dies ist euch nicht neu, doch im großen Ganzen, was ich euch durch Hanne sage, hat auch dies seinen unbestrittenen Platz und ist sehr wichtig.

Wisset, durch die Vervollkommnung der menschlichen Seele, die durch die Aspekte der Farbstrahlen in den einzelnen Chakren stattfindet, kommt ihr erst im 12. Chakra mit eurem göttlichen Kern, der QUELLE, dem HOHEN SELBST oder dem ICH BIN in die Vereinigung.

Dies bedeutet, und das möchte ich euch ans Herz legen, dass ihr für diese Weisheit euer Herz öffnet. Das Wissen um die göttlichen Strahlen ist die Tugend, die zu meistern ihr in eurem Leben lernen müsst. Von diesen Lehren sind die Kirchen nicht weit entfernt, doch sie haben euch eure eigene Verantwortung genommen, da sie euch die Werkzeuge, die nötig sind, um diesen Weg zu gehen, nicht gegeben haben.

So wisset, meine geliebten Kinder, wie wichtig es uns ist, dass ihr frei werdet von den Versklavungen, in die die Menschheit verstrickt ist. Fangt an, nicht nur nach dem Wissen über dieses, jenes und welches zu suchen, sondern fangt an, euch ganz konkret und ganz direkt mit euch selbst zu beschäftigen. Doch nicht so, dass ihr nur noch euch selbst seht, sondern in der Verantwortung des göttlichen Geistes, wie euch immer gesagt wurde: 'Liebet den Nächsten wie euch selbst.'

Das bedeutet natürlich, dass ihr zuerst auch euch selbst lieben müsst, bevor ihr den anderen lieben könnt. Doch wenn ihr euch vorstellt, dass alles Leben aus der Quelle des ALL-EINEN kommt und wir alle Brüder und Schwestern sind, könnt ihr vielleicht eine andere Sichtweise entwickeln. Dies ist im Übergang zum neuen Matriarchat vonnöten, um am Aufstiegsprozess der Erde aktiv mitwirken zu können. Ich möchte hier auch auf die Farben eingehen. Wie du weißt, sind die Farben in eurer Welt das Lebenselixier für alle Wesen. Die Farben entstammen der Einheit des Göttlichen. Dies ist das Basiswissen, das ich euch noch einmal verdeutlichen möchte. All die vielen Möglichkeiten und Werkzeuge, die aus dem Geistigen zu euch gelangt sind, können euch unterstützen in euren Bemühungen auf dem Weg ins Licht.

Licht, ja das Licht ist die Ursubstanz. Aus ihm ist alles Leben hervorgegangen, und durch das Licht folgt alles der natürlichen Entwicklung. Seht die Natur mit ihren Jahreszeiten vom Frühlingsbeginn bis über den Sommer zum Winter, wo das Licht des Tages immer kürzer wird. Im Frühling erwacht die Natur, die Pflanzen fangen an zu treiben, und auch der Mensch regt sich und beginnt im Zeichen des Widders, der Frühjahrsenergien, mit seinen neuen Plänen. Die Abfolgen des Jahres werden durch die natürlichen Gegebenheiten gemäß der Energie des Lichtes und der Farbsubstanzen gesteuert. Schaut euch die Natur, die Tiere und die Pflanzen an. Sie sind euch ein Spiegel der Abläufe eures eigenen Lebens. Liegt es da nicht nahe, sich wieder ganz und gar der Natürlichkeit der Dinge zu öffnen und dem Beispiel der natürlichen Ordnung zu folgen?

So seht, meine geliebten Kinder, dass Vater- und Muttergöttin euch alles vor Augen führen, woran ihr euer tägliches Leben ausrichten solltet. Folgt in kleinen Schritten diesem Bewusstsein der Natur, und ihr werdet immer klarer in euren Empfindungen werden. Und so bitte ich euch, nehmt dies als tiefe Wahrheit in euch auf, hört mit euren Herzen die Wahrheit meiner Worte, und lebt die göttlichen Aspekte der einzelnen Farbstrahlen. Versucht, sie in euer Leben zu integrieren, denn so entwickelt ihr die Fähigkeiten, alleine und ohne die Bevormundung anderer Seelen euren Weg zu gehen.

Wir ihr schon so oft vernommen habt:

Der Weg ist das Ziel,
wer suchet, der wird finden, und
wer anklopft, dem wird aufgetan werden."

3. – 7. Ebene – Bildzentrum, energetischer Mittelpunkt – das Mandala mit den Frequenzen aller zwölf göttlichen Farbstrahlen. Dieses Mandala zeigt auch die Erzengel, die den einzelnen Farbstrahlen zugeordnet sind.

(Für eine größere Ansicht sehen Sie den kompletten Herzstern auf der 13. Resonanzkarte.)

Die zwölf göttlichen Farbstrahlen und ihre Lenker

3 x 4 = 12, 4 symbolisiert die Zeit, und 3 steht für die Unabhängigkeit, zusammen ergibt dies die 12 = die vollkommen andere Sichtweise (12 Jünger Jesu, das neue Jerusalem, 12 Geistkräfte in uns). – Das bedeutet auch, dass dieses Urlicht der kosmischen Weisheit alle Ebenen durchzieht.

Wie schon erwähnt, steht das gesamte Universum, jedes Sonnensystem und jeder Planet unter der Führung von vielen weisen Wesen, die unterschiedlichste Aufgabenbereiche haben. Auch über die Erde wacht eine Heerschar und dient dem Höchsten. Von den Erzengeln über die Meisterinnen und Meister der Großen Weißen Bruderschaft bis zu den Cohanen, Engeln, Naturdevas, Elfen und Elementarwesen wirken alle für die Menschheit und alle Wesen auf unserem Planeten.

Die sieben Hauptstrahlen und die fünf ergänzenden Strahlen werden in verschiedenen Tempeln (Lichtbrennpunkten) von den Cohanen der Großen Weißen Bruderschaft und von den Erzengeln gehütet und gelenkt. Das kosmische Urlicht ist viel heller, viel klarer und reiner als unser Sonnenlicht, es ist der Träger allen Lebens. Schon in Atlantis wurde das Urlicht als reine göttliche Lebensessenz in verschiedene Farbschwingungen aufgespalten und zum Segen allen Lebens benutzt. Die Atlanter entwickelten die Fähigkeit, bewusst mit diesen Strahlenkräften umzugehen, und errichteten Tempel für die Brennpunkte des heiligen Feuers. In den prunkvollen Tempeln wurden die Strahlenkräfte gehütet, die die verschiedenen göttlichen Tugenden repräsentieren. Früher wurden die Besucher mit den Farbschwingungen erfüllt, die sie für ihre Gesundheit und Entwicklung benötigten.

So entfaltete sich damals eine große Kultur unter der liebevollen Leitung der Meisterinnen und Meister des Lichtes. Als das atlantische Volk aber begann, diese göttlichen Kräfte zu missbrauchen, verfielen sie der schwarzen Magie und steuerten unweigerlich auf ihren Untergang zu – die atlantische Kultur versank in den Fluten des Meeres.

Damals schon wurden präzise Pläne von der Großen Weißen Bruderschaft entworfen, um an verschiedenen Stellen der Erde Brennpunkte und Tempelanlagen des heiligen Feuers in sichere Gegenden der Erdoberfläche zu verlagern. Heute liegen diese Brennpunkte zum größten Teil im Ätherreich.

Diese kosmischen Urkräfte ernährten damals wie heute alles Leben mit ihren göttlichen reinen Kräften und Aspekten. Von den Brennpunkten werden die Schwingungen (Energien) der verschiedenen Farbstrahlen auf die Erde transformiert.

Jeder kosmische Strahl wird durch die Cohane der Meisterinnen und Meister aller Kulturen, die die Vereinigung in Gott erreicht haben, gelenkt. Die Lenker der Strahlen, die Erzengel und ihre Helfer versorgen die Menschen über die einzelnen Chakrasysteme mit Impulsen und verbinden gleichermaßen verschiedene Seelen durch Gedanken und Empfindungen, damit sich diese begegnen und dadurch etwas Förderliches erreichen. Der freie Wille des Menschen wird niemals beeinflusst. Je mehr sich eine Seele jedoch den Lenkern der Strahlen zuwendet und um Impulse und Hilfe bittet, umso intensiver wird sie die Strahlen wahrnehmen.

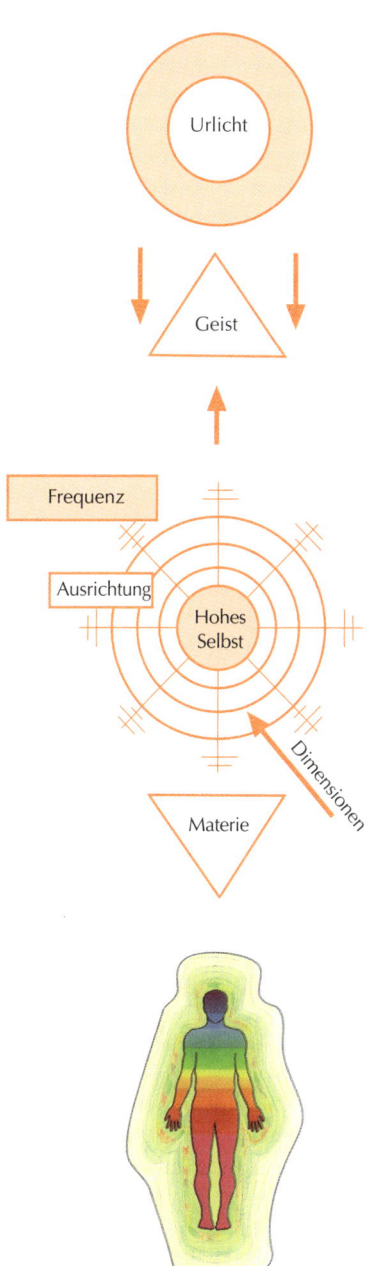

Die sieben Hauptstrahlen und die fünf ergänzenden Strahlen und ihre Lenker

Strahlenfarbe	Cohan	Erzengel	Archai	Elohim
1. Königsblau	EL MORYA	Michael	Faith	Herkules
2. Goldgelb	KONFUZIUS	Jophiel	Constance	Cassiopeia
3. Rosa	ROWENA	Chamuel	Charitiy	Orion
4. Kristallweiß	SERAPIS BEY	Gabriel	Hope	Claire
5. Grün	HILARION	Raphael	Mutter Maria	Vista
6. Rubinrot	NADA	Uriel	Donna Gracia	Pacifika
7. Violett	SAINT GERMAIN	Zadkiel	Amethyst	Arcturus

Die Zuordnung der Erzengel weicht in der Strahlenlehre vom Stern ab. Im Herzstern sind die Zuordnungen der Strahlen entsprechend der Astrologie und der Kabbala dargestellt.

Nebenstrahlen

8. Aquamarin	MAHA COHAN	Aquariel	Clarity
9. Magenta	JESUS SANANDA	Anthriel	Harmony
10. Gold	KUTHUMI	Valeoel	Peace
11. Pfirsich	MAITREYA	Perpetiel	JOY
12. Opal	SANAT KUMARA	Omniel	Opalecence

Geistige Hierarchien der Erde

Die Gründung und Erhaltung der Licht-Brennpunkte, von denen sich einige verborgen auf der Erde, die meisten jedoch im Ätherreich unseres Planeten befinden, wurde von den geistigen Hierarchien angeordnet, die die Geschicke der Menschheit lenken. Alle vier Wochen steht ein anderer Tempel im Mittelpunkt und strahlt seine Energie in dieser Zeit besonders stark in unsere Welt.

Meister EL MORYA sagt darüber:

"Geliebte Erdenkinder, die ihr euch entschieden habt, einen Blick hinter den großen Vorhang zu tun, um zu schauen, was sich dahin-

ter für euch verbirgt. Wir, von unseren Ebenen, freuen uns über einen jeden von euch. Seht, wir sind bemüht – und das schon seit Zeitaltern –, das Wissen um die Einheit allen Lebens in die Menschheit zu tragen. Doch wisset auch, und dies müssen wir euch auch mitteilen, nur durch eine gewisse Disziplin und auch Treue in der Mitarbeit kann eine gemeinsame Zusammenarbeit funktionieren. Unsere Tempel des Lichtes sind für viele Zwecke denjenigen Menschen zugänglich, die mit wahrhaftigem, reinem Herzen unsere Hilfe suchen. So könnt ihr die verschiedenen Schulungen zu Aspekten der göttlichen Weisheit in unseren Räumen bekommen, die ihr in eurem derzeitigen Leben noch lernen und integrieren müsst. So seid bereit, diesen Weg zu gehen, der einhergeht mit Schulungen, Prüfungen und nicht immer ganz einfachen Lebensbereichen oder -abschnitten. Aber eines ist euch gewiss, indem ihr lernt und eure feinstofflichen Körper mit immer mehr Licht der Weltenstrahlen versorgt, wird euer Leben erfüllter und beglückender. Ist dies nicht reizvoll, besonders angesichts der Führung und Freundschaft, mit der wir einen jeden von euch beglücken?

Seht, geliebte Freunde, die Liebe, die von ALLEM-WAS-IST ausgeht. Spürt, wie diese Schwingungen euch erreichen, wenn ihr bewusst daran arbeitet, dass sich eure feinstofflichen Kanäle öffnen für das Licht. Allen, die sich auf den Weg gemacht haben oder jetzt machen werden, steht ein ungeheures Potenzial an Liebesenergien zur Verfügung. Euch zur Seite stehen die Engel, Erzengel und wir, die Große Weiße Bruderschaft.

Ich grüße euch!" EL MORYA

Um unser Bewusstsein weiterentwickeln zu können, müssen wir die Beschaffenheit unserer feinstofflichen Körper und deren Chakrasysteme verstehen. Bei unserem Prozess der Entwicklung wird es auch zunehmend wichtiger, alle feinstofflichen Körper zu reinigen, um sie für das Licht der geistigen Welt durchlässiger zu machen.

Übertragung der Lichtfrequenz

- Elohime
- Gautama — Herr der Welt
- Aeolus — Repräsentant des kosmischen Heiligen Geistes
- Divino — Amt des Buddha für unsere Erde
- Jesus Sananda — Amt des kosmischen Christus
- Kuthumi — Amt des Weltenlehrers
- Maha Cohan — Repräsentant des Hl. Geistes für die Erde
- Erzengel
- Lenker der Farbstrahlen
- Engel
- Menschen

Die geistige Hierarchie der Erde

Lichtbrennpunkte der Erde

Cohan	Eigenschaften	Strahlenfarben	Bezeichnung der Tempel
Herr GAUTAMA-Buddha	göttliche Aufgabe, Freude	Rosa, Gold, Blau	Shamballa, Sitz der geistigen Hierarchie
MAHA COHAN	Liebe, Frieden	Aquamarin	Tempel des Trostes
Elohim HERKULES	Stärke, Schutz, Macht	Blau	Tempel des Schutzes und der Kraft
Meister EL MORYA	göttlicher Wille, Kraft	Königsblau	Tempel des Willens Gottes
Erzengel MICHAEL	Glaube, Schutz	Blau	Tempel des Erleuchteten Glaubens
KENICH AHAN	Erleuchtung, Weisheit	Gold	Tempel der Sonne über Mexiko
Meister KUTHUMI	Weisheit, Verständnis	Gold	Tempel der Weisheit
Gott u. Göttin MERU	Erleuchtung	Gold, Rosa, Blau	Tempel der Erleuchtung
Lady ROWENA	Freiheit, Toleranz, Liebe	Rosa	Tempel der Freiheit
Meister SERAPIS BEY	Reinheit, Aufstieg	Kristallweiß	Aufstiegstempel
Mutter MARIA	Auferstehung	Perlmutt	Tempel der Auferstehung
Meister LA MORAE	Harmonie	Weiß	Tempel der Harmonie
Der Große LEMUEL	Stärke, Ausgeglichenheit	Rosa, Gold, Blau	Tempel der DEVA-Stärke
Der Große HIMALAYA	Frieden, Weisheit, Liebe	Gold	Tempel der Weisheit und des Friedens
Meister VICTORY	siegreiches Vollbringen	Weiß mit Gold	Tempel des siegreichen Vollbringens
Meister KONFUZIUS	Weisheit, Erleuchtung	Goldgelb	Tempel der Präzipitation
Meister HILARION	Wahrheit, Heilung	Grün	Tempel der Wahrheit
Meister SURYA	kosmischer Frieden, Liebe	Gold, Rosa, Blau	Tempel des Friedens
Meister KAMAKURA	Umwandlung, Weisheit	Violett, Gold	Tempel der Umwandlung
Meisterin KWAN YIN	Gnade, Barmherzigkeit	Königspurpur	Tempel der Gnade
SAINT GERMAIN	Freiheit, Umwandlung	Violett	Tempel des violetten Feuers
Meister JESUS	Liebe und Frieden	Magenta	Tempel der Liebe und des Friedens
Elohim ARCTURUS	Anrufung, Freiheit	Violett	Tempel der Freiheit
Erzengel RAPHAEL	Heilung, Wahrheit	Grün	Tempel der Weihung
LADY NADA	Liebe und Frieden	Rubinrot	Tempel zur Meisterung des geistigen Weges
LADY VIRGO	Fortschritt, Freiheit	Violett	Tempel des Fortschritts und der Freiheit
HELIOS + VESTA	Tempel der Sonne	Goldgelb	Tempel der Erleuchtung

Die zwölf Jahrestempel des heiligen Feuers in den Sternzeichen

Zu den Lichtbrennpunkten der Erde sind noch weitere zwölf Lichtbrennpunkte im Ätherreich, in den Sternzeichen verankert – die Jahrestempel des heiligen Feuers mit ihren spezifischen schöpferischen Energien. Wenn die Erde um die Sonne kreist, verweilt sie ungefähr 30 Tage in der bestimmten Strahlung einer Region, die den astrologischen Tierkreiszeichen entspricht. Die Aspekte der zwölf Tugenden werden durch intensive Farbschwingungen durch diese Brennpunkte auf die Erdenwelt gelenkt. Die Tierkreiszeichen sind die äußeren Merkmale dafür, doch der wahre Einfluss kommt von diesen Lichtbrennpunkten und deren lenkenden Wesenheiten. Diese Jahrestempel konfrontieren uns mit den Lernerfahrungen, die wir während unserer Inkarnation auf dieser Erde zu machen haben. Unsere inneren Zentren werden durch die Aspekte dieser Strahlen angeregt und sind somit Impulsgeber für die Umstände, die uns dann im Außen begegnen.

Die zwölf Tugenden zählen zu den Erfordernissen, die wir Menschen entwickeln müssen, um einmal den Aufstieg ins Licht erreichen zu können. Durch die geistige Ausrichtung auf das Licht der Tempel mit ihren spezifischen Aspekten stärken wir unserer inneres Licht und dehnen es immer weiter aus, und durch die Ausdehnung unseres eigenen Lichtes, dehnt sich auch das Licht auf unserem Planeten immer weiter aus.

Der 1. Farbstrahl (blau) ist z. B. im Tempel des Sternzeichens Stier verankert. Es ist der mächtige Brennpunkt des Schutzes und der Kraft. Dieser Brennpunkt liegt im Ätherreich über Zürich.

Eine ausführliche Beschreibung über die Beschaffenheit der einzelnen Tempel, die Lage über unserer Erde und die Tempel des Monats ist in den Schriften der "Brücke zur Freiheit e.V." sehr schön im Internet nachzulesen.

www.bruecke-zur-freiheit.de

Der 1. blaue Farbstrahl ist im Sternzeichen des Stiers verankert. Es ist der mächtige Brennpunkt des Elohim HERKULES und seiner weiblichen Ergänzung LADY AMAZONE.

Aus diesem Grund ist das Symbol des Herzsterns auf das kalendarische Jahr ausgerichtet.

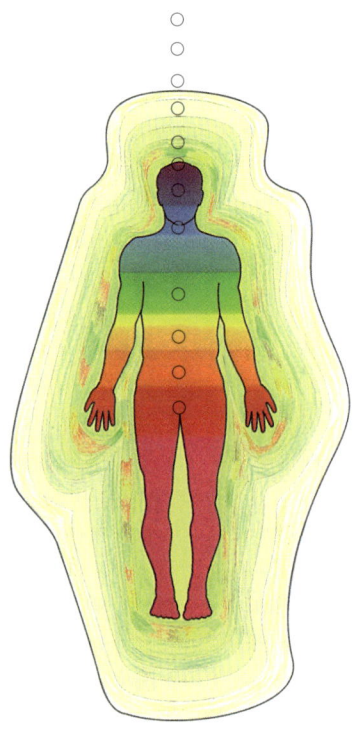

Die sieben Schichten der menschlichen Aura

Chakren
sind feinstoffliche Energiezentren, Energieräder, die uns mit Substanzen aus der Farbenwelt und mit Energie versorgen.

Aura und Chakrensysteme des Menschen

Ich möchte an dieser Stelle auch auf die feinstofflichen Bereiche des Menschen eingehen, damit die Verbindung zwischen feinstofflichen Körpern und Organismus erkennbar wird.

Die Aura wird als feinstoffliche, eiförmige Hülle des physischen Körpers wahrgenommen.

Die feinstoffliche Anatomie des menschlichen Körpers besteht aus sieben Auraschichten, die jeweils mit dem universellen Kraftfeld verbunden sind. Das universelle Kraftfeld ist wiederum in vier Ebenen oder Dimensionen unterteilt, jede durchdringt die andere, und jede schwingt in ihrem eigenen Frequenzbereich. Die unterste Ebene ist der Bereich des Physischen; auf dieser Ebene befindet sich der physische Körper. Der Berührungspunkt zwischen dem physischen Leib und den feinstofflichen Körpern, die einander durchdringen, ist der Ätherkörper.

1. Schicht, der Ätherkörper

Er hat zwei Hauptfunktionen – und beide haben mit der Umwandlung und Verteilung von Energie zu tun. In seiner ersten Funktion absorbiert er die Energie von der physischen Ebene und überträgt sie auf den physischen Leib des Menschen.

In seiner zweiten Funktion dient er als Brücke zwischen dem Astralkörper und dem physischen Leib. Indem der Ätherkörper als Vermittler dient, gibt er nicht nur Energie weiter, sondern überträgt die empfangenen Informationen auch auf höhere Körper. Umgekehrt werden auch Informationen, die aus den feinstofflicheren Bereichen der anderen drei Körper kommen, auf den physischen Körper und den rationalen Geist übertragen.

Der Ätherkörper ist das Medium, durch das uns die lebensspendenden und lebenserhaltenden Energien der Sonne, des Mondes und der Planeten, der uns umgebenden Atmosphäre und des fernen Kosmos zufließen. Dieses Energiefeld ist im Allgemeinen fünf Zentimeter breit und liegt wie eine Schutzhülle um unseren Körper. Oft wird diese Schicht als strahlender hellblauer Lichtschimmer wahrgenommen.

2. Schicht, der Emotionalkörper

Er ragt in das ätherische Feld und wird als emotionale Aura bezeichnet. Diese Schicht hat mit unserem Gefühlsleben zu tun.

Die Energie reicht ca. drei bis acht Zentimeter über den physischen Körper hinaus und besteht aus feinen farbigen Wolken. Dies kann individuell sehr unterschiedlich sein, je nachdem, in welchem Gemütszustand der Mensch sich befindet.

Dieser feinstoffliche Körper drückt unsere Gefühle und sinnlichen Wahrnehmungen aus, und unsere Ängste, Hoffnungen und Leidenschaften teilen wir über diesen Körper mit. Diese Schicht ist weniger dicht; in ihr sind Zeit und Raum aufgehoben.

Der emotionale Körper weist alle Farben des Regenbogens auf. Jedes Chakra hat eine andere Farbe, entsprechend der Reihenfolge der Regenbogenstrahlen – und zwar:

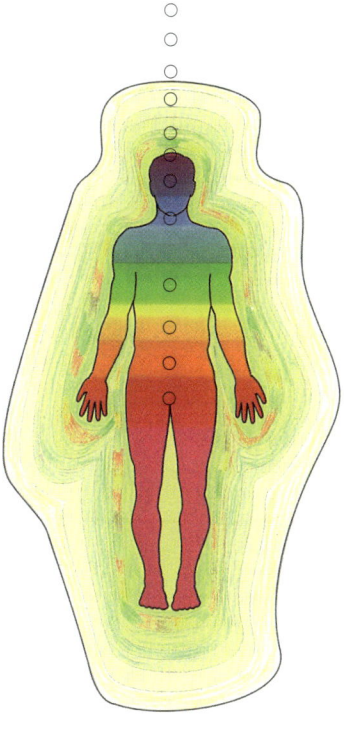

Chakra 7 = violett
Chakra 6 = indigo
Chakra 5 = blau
Chakra 4 = hell-grasgrün
Chakra 3 = gelb
Chakra 2 = rot-orange
Chakra 1 = rot

3. Schicht, der Mentalkörper

Er geht über den emotionalen Körper hinaus. Diese Schicht besteht aus noch feineren Stoffen, die mit den gedanklichen Prozessen des Menschen in Beziehung stehen. Seine Reichweite beträgt acht bis zwanzig Zentimeter und reicht auch in den Emotionalkörper hinein.

Der dritte Körper ist hauptsächlich für unsere Denkprozesse zuständig und dafür, welche Art von Gedanken wir konstruieren und ausdrücken, sowohl konkret als auch abstrakt. Die Gedankenformen sind mit zusätzlichen Farben überlagert, die von bestimmten Emotionen abhängen, und die Farbe zeigt an, welche Emotionen wir mit einer bestimmten Gedankenform verbinden. Je klarer und präziser eine Idee ist, umso klarer und wohlgestalteter ist auch die Gedankenform. Wir führen den Gedankenformen Energie zu, wenn wir uns auf den entsprechenden Gedanken konzentrieren. Fixe Ideen oder immer wiederkehrende Gedanken werden dabei zu mächtig ausgebildeten Kräften, die auf unser Leben wirken.

4. Schicht, der astrale Körper

Er ist amorph und besteht aus den gleichen Farbausprägungen wie der Mentalkörper, die Farben sind jedoch mit dem rosa Licht der Liebe durchtränkt, und er erstreckt sich ungefähr fünfzehn bis 30 Zentimeter nach außen.

Die Farben der Chakren entsprechen den Regenbogenfarben der Chakren des Emotionalkörpers, aber über jedem liegt ein Bogen von rosa schimmerndem Licht. Auf dieser Schicht geht die Aura sehr stark in Interaktion mit anderen Menschen.

5. Schicht, der ätherische Negativkörper

Er enthält eine Blaupause aller Formen der physischen Ebene, die ähnlich aussieht wie das Negativ eines Fotos. Er ist die Blaupause oder die vollkommene Form, in die sich der ätherische Körper hineinentwickelt. Wenn in der ätherischen Schicht durch Krankheit Verzerrungen auftreten, ist es notwendig, mit dieser Schicht zu arbeiten, damit sie sich wieder in ihre ursprüngliche Form begibt.

Sie ist die Ebene, auf der Klang schöpferische Kraft hat und auf der die Musiktherapie am wirksamsten ist. Diese Schicht erstreckt sich ca. sechzig bis fünfundsiebzig Zentimeter nach außen.

6. Schicht, der himmlische Körper

Er ist der emotionale Aspekt der Geistebene und erstreckt sich etwa sechzig bis achtzig Zentimeter nach außen. Es ist die Ebene, auf der wir durch Meditation und Transformationsmethoden geistige Ekstase empfinden.

Wenn wir durch unser Sein an diesem Punkt angekommen sind, wissen wir, dass wir mit dem ganzen Universum verbunden sind. Wenn wir in allem, was existiert, Licht und Liebe sehen, wenn wir in dieses Licht eintauchen, dann wissen wir, dass wir Kinder des Lichtes sind. Wenn wir uns eins mit Gott fühlen, dann haben wir unser Bewusstsein auf die sechste Ebene der Aura angehoben.

7. Schicht, der ketherische oder kausale Körper

Er ist der mentale Aspekt der Geistebene und erstreckt sich fünfundsiebzig bis über hundert Zentimeter nach außen. Wenn wir mit unserem Bewusstsein an dieser Stelle angelangt sind, wissen wir, dass wir eins mit dem Schöpfer sind.

Die Darstellung auf Seite 73 zeigt den Umriss einer Aura. In ihr sind alle Auraschichten enthalten, die sich in der Inkarnation eines Menschen manifestieren. Alle Chakren und Körperformen erscheinen auf dieser Ebene im goldenen Licht, und auf dieser Ebene tritt die Kundalini, der Hauptkraftstrom, in Erscheinung, der die Wirbelsäule hoch- und runterläuft und den ganzen Körper mit Energie versorgt. Der goldene Kraftstrom, der die Wirbelsäule auf und ab pulsiert, lässt die Energie durch die Chakren fließen und verbindet die Energien, die durch jedes Chakra aufgenommen werden.

Die kosmischen Ebenen beinhalten das achte bis zwölfte Chakra (und sicherlich noch weitere darüber hinaus), die sich stetig mit dem Bewusstsein der Menschheit weiterentwickeln. Etwa in der Höhe des zwölften Chakras befindet sich das "Hohe Selbst".

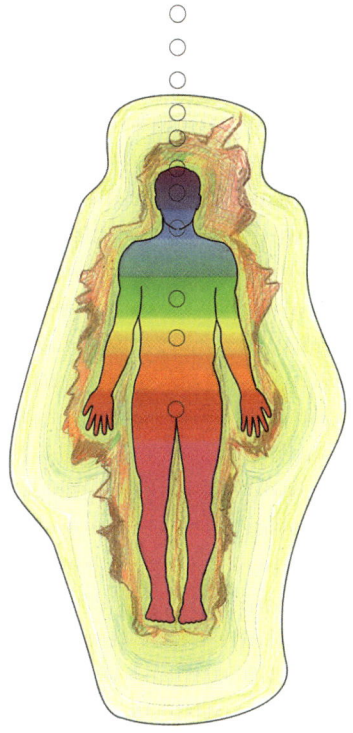

Die gestörte Aura eines Menschen

Die Aufgabe und Funktion der Chakren

Innerhalb jeder Schicht der Aura existieren sieben Hauptenergiezentren und einundzwanzig Nebenzentren, die Farbschwingungen durch das gesamte System weiterleiten. Es sind Kraftzentren des Körpers, die auch als Chakren bekannt sind. (Das Wort stammt aus dem Sanskrit und bedeutet "Rad".) Diese Chakren sind ein Teil der Aura sowie des physischen Körpers. Sie sind ständig in Bewegung und nehmen unaufhörlich Energieströme auf, wobei ein freies und ungehindertes Fließen lebenswichtig ist für Gesundheit und Wohlbefinden des Menschen.

Alle Chakren durchdringen sich gegenseitig und sind innerhalb des Körpers in bestimmten Abständen mit der Wirbelsäule verbunden. Jedes dieser Kraftzentren pulsiert auf einer bestimmten Farbschwingung und steht mit einer bestimmten Drüse und einem Bereich des menschlichen Körpers in Verbindung. Diese Drüsen sind uns als endokrine Drüsen bekannt; sie wandeln ständig chemische Elemente in Hormone um, welche wiederum durch den Blutstrom zu den Organen weitergeleitet werden.

Die Funktion der einzelnen Chakren besteht darin, eine bestimmte Energieschwingung anzuziehen, die den Körper dabei unterstützt, im Gleichgewicht zu bleiben und zwar auf der körperlichen, emotionalen und mentalen Ebene.

Krankheiten entstehen, wenn Blockaden oder Widerstände den Energiefluss vermindern.

Die sieben Hauptchakren und die sieben Schichten der Aura

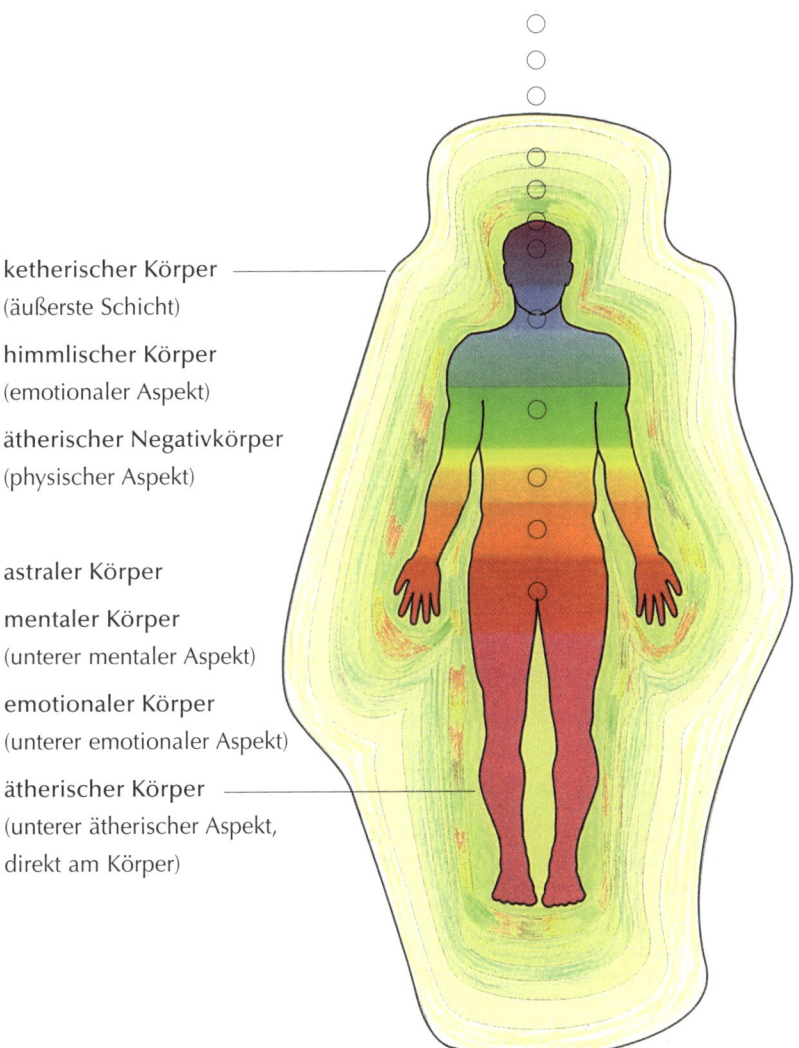

12. Chakra »Hohes Selbst«

8. Chakra
7. Scheitelchakra (dunkelviolett)
6. Drittes Auge (indigo)

5. Halschakra (hellblau)

4. Herzchakra (grün)

3. Solarplexus (gelb)

2. Milzchakra (orange)

1. Wurzelchakra (rot)

ketherischer Körper
(äußerste Schicht)

himmlischer Körper
(emotionaler Aspekt)

ätherischer Negativkörper
(physischer Aspekt)

astraler Körper

mentaler Körper
(unterer mentaler Aspekt)

emotionaler Körper
(unterer emotionaler Aspekt)

ätherischer Körper
(unterer ätherischer Aspekt,
direkt am Körper)

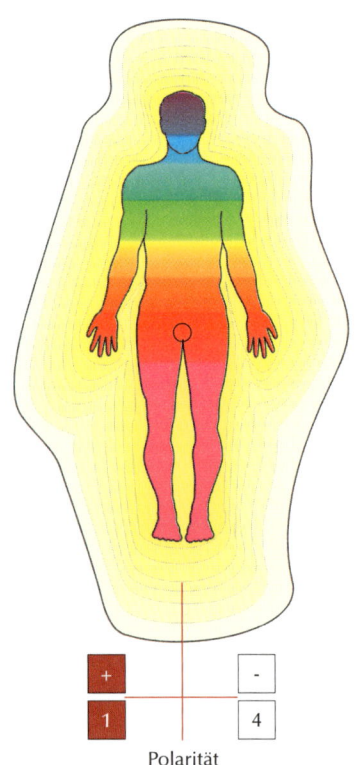

Polarität

Die 1 ist die Zahl unseres Willens =
1. Chakra/Ebene

Schlüsselbegriffe:
Kraft, Überlebenswille
Körperlichkeit
Sicherheit

Die Entwicklung hin zu höheren Idealen und der Wunsch, den Willen Gottes auf Erden zu leben – all dies wird durch den Aspekt des 4. Farbstrahles angeregt!

1. Ebene = Wurzelchakra
rot: Wille, Sicherheit, Zuversicht und Vertrauen

Dieses Chakra befindet sich an der Basis der Wirbelsäule im Steißbein. Hier sitzt unsere Lebenskraft, die wir über unsere Nebenchakren in den Fußsohlen und über die Erdgitternetze von Mutter Erde bekommen.

Physische Ebene: Dieses Chakra hat hauptsächlich mit unserer physischen Kraft zu tun. Wenn dieses Chakra angegriffen ist und Energie verloren geht, dann leidet der Körper an einem Mangel der Farbe Rot.

Körperfunktionen: Nieren, Nebennieren, Blase, Knochen.

Emotionale Ebene: Hier bestimmt die Farbe Rot, wie wir unsere Gefühle ausdrücken. Positive Gefühle werden durch Wärme, Freundschaft und ungehemmte Leidenschaft ausgedrückt, negative Gefühle durch Wut, Zorn, Groll usw.

Mentale Ebene: Die Farbe Rot stärkt unsere Gedankenprozesse, lässt Rückschlüsse zu auf einen sehr starken Willen, und sie zeugt von Entschlossenheit und Durchhaltevermögen.

Der negative Aspekt kann sich durch Willensschwäche, Überlebensängste, Unsicherheit, Unentschlossenheit, Misstrauen usw. zeigen.

Lesen Sie zum Thema der Ebenen im menschlichen Körper die Seiten 90 bis 93 und wenn Sie möchten, errechnen Sie Ihre Lebenszahl, und vergleichen Sie Ihr Lebensthema mit der entsprechenden Chakraebene. Alle Themen, die mit den Aspekten einer dieser Ebenen zu tun haben, werden mit der Quersumme 1(0) angeschwungen. Auf dieser 1. Ebene werden durch die Polarität der beiden Farbstrahlen Rot und Weiß alle unerledigten Themen ins Außen projiziert und kommen so in unsere Realität. Jetzt können sie erkannt und transformiert werden.

4. Farbstrahl: Weiß von Meister Serapis Bey
Der vierte weiße Farbstrahl fördert die Entwicklung dieser Ebene.

Es ist der Farbstrahl der Reinheit und der Disziplin. In der Entwicklung des Wesens Mensch geht es hier darum, sich zu erinnern, wer wir sind und welchen Plan wir einst gefasst haben.

2. Ebene = Sakral-/Milzchakra
orange: Lebensfreude, Lebenslust

Dieses Chakra befindet sich im Kreuzbereich und steht mit dem Milzzentrum, das sich nahe bei den Nebennieren und Nieren befindet, in Verbindung.

Physische Ebene: Der Körper wird von diesem Chakra energetisiert, es nährt ihn durch die Nährstoffe, die wir aus unserer Nahrung beziehen, und durch liebevolle und zärtliche Berührungen, die wir von anderen bekommen. Ein gesundes Sakral-/Milzchakra weist darauf hin, dass wir viel nach außen gerichtete Energie besitzen und ein gesundes Interesse am Essen haben.

Körperfunktionen, die mit dem Chakra in Verbindung stehen sind: Fortpflanzungsorgane, Nieren, Milz und der gesamte untere Beckenraum.

Emotionale Ebene: Wenn unser Sakral-/Milzchakra gesund ist, spiegeln unsere Gedankenprozesse ein freudiges Interesse am Leben und an der zukünftigen Entwicklung wider. Hier sitzt die Begeisterung, auf eine positive Art und Weise das Beste aus unserem Leben zu machen.

Negative Gedankenprozesse offenbaren die Neigung, sich zu sehr anzustrengen und sich dabei oft in einer selbstaufopfernden Haltung zu zermürben.

Mentale Ebene: Die Farbe Orange unterstützt unsere Lebensfreude und begünstigt eine positive, freudige Lebenseinstellung.

Der negative Aspekt kann sich in einer Verhaftung an Vergangenes, in einer Stagnation in der Sexualität und in der persönlichen Entwicklung zeigen.

7. Farbstrahl: Violett von Meister Saint Germain

Der siebte violette Farbstrahl wirkt auf das Sakral-/Milzchakra ein!
Es ist der Farbstrahl der Transformation, Vergebung und Hingabe. Der siebte Farbstrahl zeigt den direkten Bezug zum physischen Körper, denn er lenkt die Verdauung und die Ausscheidung, aber auch die Reinkarnation, die körperliche Liebe und die Selbstliebe.

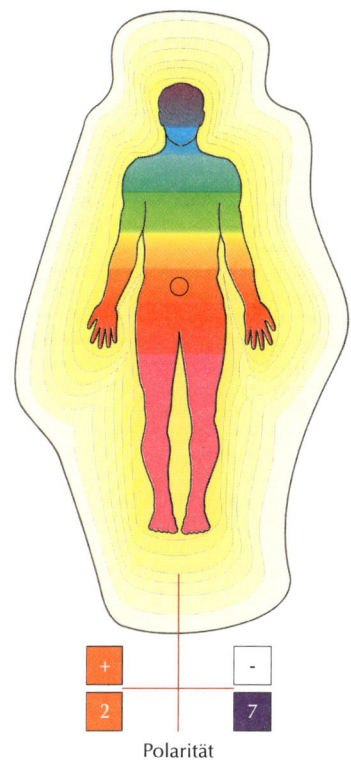

Polarität

Die 2 ist die Zahl des Empfangens:
= 2. Chakra/Ebene

Schlüsselbegriffe:
Lebensfreude
Dualität
Sexualität
Polarität
Vereinigung

Hier gilt es, emotionale Verletzungen, die mit diesen Themen einhergehen, aufzuspüren und zu transformieren.

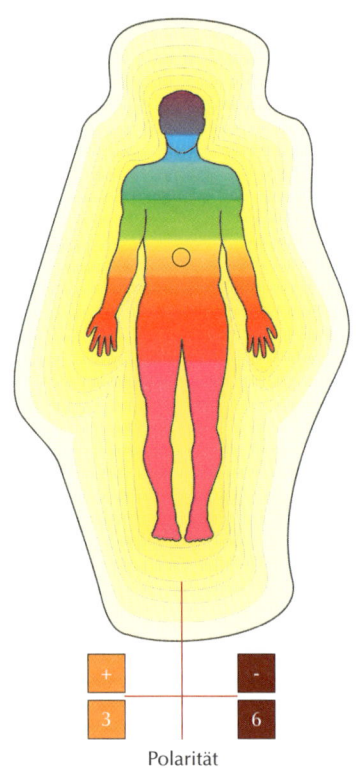

Polarität

Die 3 ist die Zahl der Verbindung von Geist und Materie:
= 3. Chakra/Ebene

Schlüsselbegriffe:
Begeisterung
Feinfühligkeit
innere Stärke
Liebesfähigkeit

Der Weg der Aussöhnung mit den eigenen Emotionen und Verletzungen

3. Ebene = Solarplexus
goldgelb: Denkfreude, Ideenreichtum, Verbindung zwischen Geist und Materie

Dieses Chakra befindet sich ungefähr im Bereich des Nabels. Es steht für das autonome Nervensystem und hat eine Verbindung mit der Bauspeicheldrüse und der Leber. Es ist das größte und stärkste aller Kraftzentren und ist zuständig für die Reinigung des Körpers sowie für die Ausscheidung von Giftstoffen über das Verdauungssystem.

Physische Ebene: Das Chakra hat eine stimulierende Wirkung auf die Nerven. Wenn es gesund und im Gleichgewicht ist, vermittelt es das Gefühl, die Dinge unter Kontrolle zu haben, und wir haben Sinn für Koordinierung und Orientierung. Befindet sich das Chakra im Ungleichgewicht, dann sind nervöse Störungen und Energie- und Vitalitätsverlust die Folge.

Emotionale Ebene: Die positiven Aspekte des Chakras zeigen einen kraftvollen und erfolgreichen Menschen, der warmherzig ist und im Mittelpunkt des Lebens stehen möchte. Der negative Aspekt dieses Chakras weist darauf hin, dass es an Kraft mangelt, dass die Energien des Menschen zerstreut sind. So können sich viele Unsicherheiten offenbaren.

Mentale Ebene: Wir können unsere Talente und Fähigkeiten in Verbindung zum Universum intellektuell begreifen.

In negativer Form sind wir konzept- und orientierungslos.

6. Farbstrahl: Rubinrot von Lady Nada
Der sechste rubinrote Farbstrahl wirkt auf den Solarplexus ein!

Es ist der Farbstrahl des Friedens, der Heilung, der Harmonie und des Dienens. Dieser Strahl hilft, die negativen Emotionen auszugleichen, Demut zu entwickeln und den physischen Körper im Gleichgewicht zu halten.

4. Ebene = Herzchakra
grün: Ausdruck der eigenen Herzenskraft

Das Herzchakra steht in Verbindung mit dem physischen Herzen und mit dem Blutkreislauf. Es ist zuständig für die Funktionen des Herzens, der Blutzirkulation und für den gesamten Brustbereich.

Physische Ebene: Ist dieses Chakra im Gleichklang, ist alles im Gleichgewicht, und es gibt keine Herz-Kreislaufbeschwerden. Ist das Chakra aber im Ungleichgewicht, so bekommen wir Schwierigkeiten mit dem Blutdruck, ein ungleichmäßiges Schlagen des Herzens und weitere Erkrankungen sind möglich.

Emotionale Ebene: Verständnis, liebevolle Beziehungen, Harmonie und Ausgleich im Leben sind Zeichen dafür, dass das Herzzentrum mit genügend Energie versorgt wird.

Negative Ausdrucksformen sind übermäßige Vorsicht, Niedergeschlagenheit, Angst, Depressivität.

Mentale Ebene: Auf der positiven Seite drückt sich das Herzchakra durch Freude am Leben aus. Der Mensch vertraut unvoreingenommen dem Leben und ist im Fluss mit seiner grünen Energie.

Der negative Aspekt kann sich zeigen in Unfähigkeit zur Liebe, Abhängigkeit, Einsamkeit und Gleichgültigkeit.

3. Farbstrahl: Rosa von Lady Rowena
Der dritte rosa Farbstrahl wirkt auf das Herzchakra ein!

Es ist der Farbstrahl der göttlichen Liebe, Freiheit, Toleranz und der daraus entstehenden Kreativität. Dieser Strahl geht direkt ins Herzchakra. Er hilft, das Ego zu transformieren und "ja" zur absoluten Liebe zu sagen.

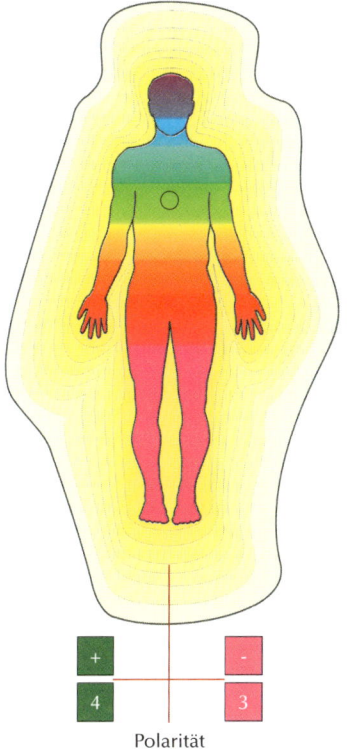

Polarität

Die 4 ist die Zahl der Liebe, die die eigene Herzenskraft zum Ausdruck bringen möchte = 4. Chakra/Ebene

Schlüsselbegriffe:
Geben und Nehmen
Liebe zu sich selbst
Stabilität

Der Weg zur Annahme der eigenen Macht und der damit verbundenen Schöpferkraft

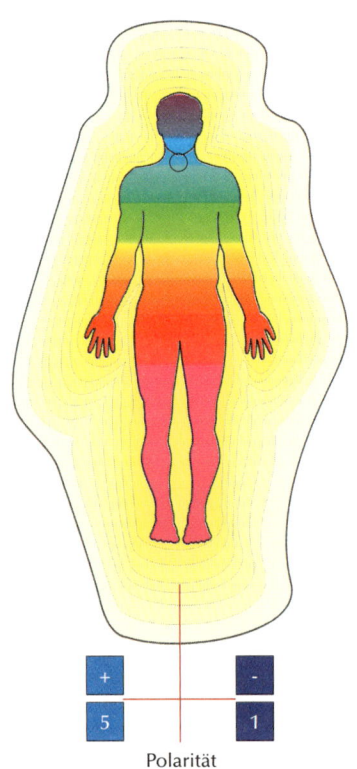

Polarität

Die 5 ist die Zahl unserer Seele
= 5. Chakra/Ebene

Schlüsselbegriffe:
den Willen Gottes auf Erden leben
Ausdruck von Gefühlen
Kreativität
Kommunikation
sprachlicher Ausdruck

5. Ebene = Halschakra
hellblau: Ausdruck innerer Gefühle und der Kreativität

Dieses Chakra befindet sich im (vorderen unteren) Halsbereich. Es steht mit der Schilddrüse und den Nebenschilddrüsen in Verbindung, denen die wichtige Aufgabe zufällt, den Stoffwechsel des Körpers im Gleichgewicht zu halten.

Physische Ebene: Das Chakra reguliert den stimmlichen Ausdruck, es steht mit dem Klang in Verbindung und hat viel mit unserer verbalen Kommunikation zu tun. Körperteile, die mit diesem Chakra in Verbindung stehen, sind: Hals, Stimme, Kehlkopf, Zahnfleisch, Zähne, Lunge und Haut.

Emotionale Ebene: Der positive Ausdruck zeigt sich als Sensitivität, die oft auch mit der Fähigkeit verbunden ist, Klänge aus anderen, nichtphysischen Dimensionen wahrzunehmen. Hier offenbart sich die Hellhörigkeit und der kreative Ausdruck der Stimme. Der negative Ausdruck dieses Chakras zeigt sich in Schwierigkeiten, sich auszudrücken; man bleibt lieber still, hält den Mund und zieht sich von anderen zurück.

Mentale Ebene: Spirituelles Bewusstsein, Interesse für die feineren Aspekte des Lebens. Der Mensch ist gern allein, um seinen eigenen Gedanken nachzugehen und um zu meditieren.

Der negative Aspekt kann sich darin zeigen, dass wenig oder gar kein Bezug zum täglichen Leben mehr da ist.

1. Farbstrahl: Königsblau von Meister El Morya
Der erste blaue Farbstrahl wirkt auf das Halschakra ein!

Es ist der Farbstrahl des Willens Gottes, er steht für Mut, Kraft und Schutz. Dieser Farbstrahl verdeutlicht uns das aktuell wirkende Karma bzw. die Blockaden, die noch zu transformieren sind. Wir sollen lernen zu begreifen, wie all diese Umstände sich auf jeden Plan auswirken, der umgesetzt werden will. Eine reibungslose und kreative Kommunikation soll durch diesen Strahl in Gang gesetzt werden.

6. Ebene = Drittes Auge
indigo: der Weg der Liebe und der Aussöhnung mit der
Liebe sowie der Weg der Schönheit

Dieses Chakra befindet sich im Stirnbereich und steht mit der Hirnanhangsdrüse (Hypophyse) in Verbindung.

Physische Ebene: Es reguliert die Hormonausschüttung der anderen endokrinen Drüsen und spielt eine wichtige Rolle bei der Aufrechterhaltung der Funktionen des physischen Körpers als Ganzes. Wenn sie unbeeinträchtigt arbeitet, unterstützt die Drüse den gesunden Schlaf und hilft, den Körper zu reinigen. Sie lindert viele Beschwerden, wie z. B. Nierenbeschwerden, Nervosität, und unterstützt die Heilung bei Beschwerden der Augen, Ohren und Nase.

Emotionale Ebene: Der positive Ausdruck zeigt sich in unserem Gefühl für Selbstachtung und Stolz. Wir besitzen die Fähigkeit, die Aufmerksamkeit anderer zu fesseln, und haben, wenn dieses Chakra ungehindert arbeitet, Zugang zu den eigenen spirituellen/medialen Fähigkeiten.

Die negative Form des Chakras zeigt die Neigung zu Minderwertigkeitsgefühlen, wir fühlen uns von anderen nicht gewürdigt oder geschätzt.

Mentale Ebene: Der positive Ausdruck dieses Chakras spiegelt sich in abstraktem, oft futuristischem Denken; visionäre Ideen und hohe Ideale haben hier ihren Ursprung. Wir empfangen Inspiration aus den feinstofflichen Ebenen.

Der negative Aspekt des Chakras zeigt sich in Ängsten und Phobien und der Neigung, sich ausschließlich auf den eigenen Intellekt zu stützen, der eigenen Intuition nicht zu vertrauen und ständig zu zweifeln.

5. Farbstrahl: Grün von Meister Hilarion
Der fünfte grüne Farbstrahl wirkt auf das Dritte Auge ein!

Es ist der Farbstrahl der Konzentration, Wahrheit, Heilung, Gerechtigkeit und Aufrichtigkeit. Er schult den direkten Zugang zur geistigen Welt, die innere Stimme und den Kontakt zum "Hohen Selbst".

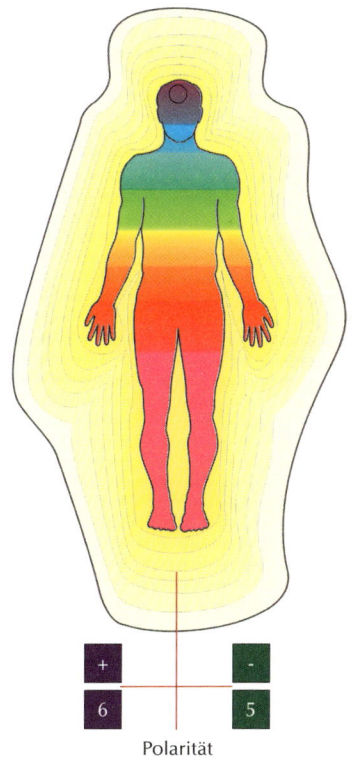

Polarität

Die 6 ist die Zahl der treibenden Kraft, die Zahl der Herzenskraft
= 6. Chakra/Ebene

Schlüsselbegriffe:
Intuition
Hellsehen und Hellhören
Kreativität
Vertrauen

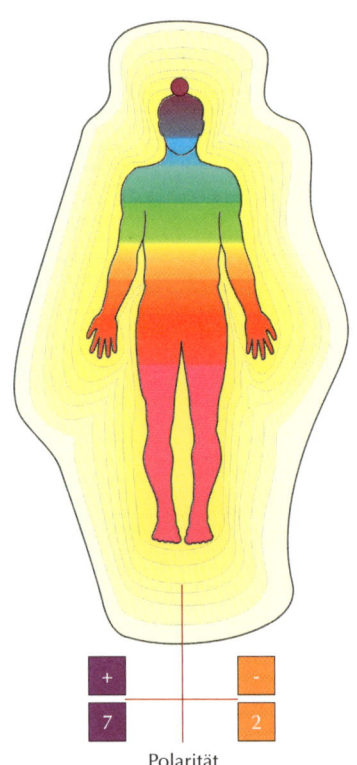

Polarität

Die 7 ist die Königszahl, die Verbindung zur göttlichen Idee
= 7. Chakra/Ebene

Schlüsselbegriffe:
Verbindung zum Hohen Selbst
Hellsehen und Hellhören
bedingungslose Liebe

7. Ebene = Scheitelchakra
violett: der Weg in die innere Einheit, der Weg der Berufung und des Aufbruchs

Das Scheitelchakra befindet sich an der Schädeldecke und steht mit der Funktion des Gehirns und der Zirbeldrüse (Epiphyse) in Verbindung. Es ist mit allen anderen Chakren verbunden.

Physische Ebene: Wenn das Gleichgewicht dieses Chakras gestört ist, können auf der physischen Ebene Beschwerden mit dem sympathischen Nervensystem sowie leichtere und schwerere Formen von Migräne entstehen. Hier wären noch viele andere Zusammenhänge aufzuzeigen, worauf ich aber an dieser Stelle verzichten möchte.

Emotionale Ebene: Die positive Seite des Scheitelchakras drückt sich in der Fähigkeit aus, Liebe und Mitgefühl anderen Menschen gegenüber zu zeigen und sich freundlich zu verhalten. Die negative, emotionale Seite zeigt sich in Dominanz und gewaltsamen, aggressiven Verhaltensweisen.

Die Neigung, unter dem Deckmantel der Spiritualität arrogant und überheblich zu sein, kann sich hier zeigen, auch die Tendenz zu Märtyrertum.

Mentale Ebene: Der positive Ausdruck des Scheitelchakras hat mit der spirituellen Entwicklung, dem Bewusstseinszustand und der inneren Reife zu tun; es spiegelt unsere innere Stärke wider. Das Denken dreht sich eher um die Bedürfnisse anderer Menschen als um die eigenen. Wir zeigen Weisheit und Wissen in vielen Aspekten unseres Lebens und sehen eher die positiven Seiten.

Der negative Aspekt dieses Chakras zeigt sich in der Überzeugung, weniger wert zu sein als alle anderen, oder in dem Versuch, Situationen und sogar andere Menschen zu bewerten. Dieser mentale Aspekt des Chakras macht es uns schwer, uns die eigenen Fehler und Mängel einzugestehen.

2. Farbstrahl: Goldgelb von Meister KONFUZIUS
Der zweite goldgelbe Farbstrahl wirkt auf das Scheitelchakra ein!
Es ist der Strahl der Weisheit und Erleuchtung und unterstützt den Weg zur "Ich Bin"-Gegenwart und zur Quelle allen Wissens.

4. Übung: Wichtige Übungen für jeden Tag

Ich beginne meinen Tag und schenke mir Liebe und Freude
und verbinde mich gedanklich mit den Sphären des Lichts, begrüße meine geistigen Helfer und danke für den neuen Tag. Wir wissen bereits: Freude und Dankbarkeit sind Treibstoff zu den Lichtebenen, während Liebe, Geduld und Vertrauen die wahren Schlüssel zur Meisterschaft sind.

Ich verstärke meine "ICH BIN-Kraft"
Jedes Mal, wenn wir uns auf unsere eigene Mitte konzentrieren (Bereich des Herzchakras) und die Worte "ICH BIN" sagen, setzen wir eine besondere Kraft in Bewegung. Es ist die Kraft unserer eigenen Göttlichkeit, unser eigenen Quelle, die mit den hohen Lichtebenen im Kosmos in ständiger Interaktion ist. Sind wir in der Lage, dieses verbindende Element der Liebe zwischen der ICH BIN-Kraft in uns und unserer äußeren Persönlichkeit zu spüren, sind wir in der absoluten Schöpfungsenergie. Diese kann ungehindert in ihrer hohen Schwingung hervorströmen und setzt eine ungeheure Energie frei, die sich unbegrenzt weiter ausbreitet. Über das bewusste Atmen verstärken wir diese Kraft und breiten diese immer weiter aus. Der Herzstern potenziert diese Kräfte mit seiner eigenen Schwingung von 150.000 Bovis-Einheiten, d. h. hier passiert etwas Wunderbares, hier entsteht ein enormes Kraftfeld, mit dessen Energie wir Affirmationen in die Welt und in unser Leben lenken können.

Negativ gepolte Formulierungen müssen daher unbedingt vermieden werden; hier ist es (wiederum) sehr wichtig, mehr auf Worte, Gedanken und Gefühle zu achten. Wenn wir jeden Tag eine gewisse Zeit damit verbringen, unsere Verbindung mit den Lichtebenen und mit unserem eigenen Innersten zu pflegen, steigt unsere körpereigene Energie stetig an. Wir kommen nach einiger Zeit mit unserer eigenen Schöpferkraft in Kontakt und fühlen uns eins mit ALLEM-WAS-IST.

»Friede sei mit euch, Friede an diesem Tag, und Freude möge euer Herz erfüllen, denn die Freude ist der Atem Gottes. Wer ihn spürt, der lebt wahrhaft. Diese Freude, wird dem Menschen zuteil, der auf der Suche nach dem wahren Leben ist. Die Erfüllung ist das Ziel.«

Affirmation
»ICH BIN angeschlossen an den großen Strom der kosmischen Gnade und transformiere mit dem Herzstern das Licht der Aufgestiegenen Meister in mein tägliches Leben!«

Affirmationen, die unseren Entwicklungsprozess unterstützen

»ICH BIN im alles umfassenden Strom des Lebens geborgen!«

»ICH BIN das Licht und die Liebe, die alle Probleme lösen kann.« (Liebe in die Probleme lenken, die uns bedrücken)

»ICH BIN die Wahrheit und öffne meinen Geist für die Reinheit der universellen Schöpfung.«

»ICH BIN frei und grenzenlos in meinem Geist und in meinem Bewusstsein.«

»ICH BIN der Schöpfer meiner eigenen Realität.«

»Ich liebe es, ich SELBST zu sein.«

Zur Umpolung des Unterbewusstseins sollten Affirmationen 108-mal gesprochen werden!

In Verbindung mit den Symbolen erhöht sich deren Wirkkraft, und wir kommen schneller zum Ziel.

Der Schutzkreis:

(Sprechen Sie diesen Text bitte 3-mal morgens und abends.)

"ICH BIN der unüberwindliche, mächtige Schutzkreis aller zwölf göttlichen Strahlen um mich herum, der mich im Licht und in der Geborgenheit meiner göttlichen Mitte hält (ich sehe dabei die göttlichen Strahlen über und unter mir, ich selbst stehe im Zentrum dieses Sternes).

Der Stern verleiht mir Sicherheit und Schutz, wo immer ich bin. Ich stehe fest im Zentrum dieses Lichtes. Ich segne mich und alles Leben mit diesen Strahlen."

Das Reinigen mit dem violetten Licht:

Das violette Licht ist eine heilende Kraft und wirkt auf alle feinstofflichen Körper ein. In diesen Bereichen setzt auch jede Heilung ein und überträgt sich auf den physischen Körper.

Nehmen Sie wieder den Herzstern zur Hand, und legen Sie Ihre linke (fühlende) Hand auf den Stern. Bitten Sie nun Meister Saint Germain darum, Ihren feinstofflichen Körper zu reinigen. Dabei stellen Sie sich vor, wie das violette Licht in allen Facetten schimmert und den Körper vollkommen durchspült und reinigt. Konzentrieren Sie sich dabei auf kranke oder schwache Zellen in Ihrem Körper, und durchfluten Sie diese mit den funkelnden violetten Farbstrahlen. Stellen Sie sich dabei vor, wie die Wunden emotionaler Verletzungen, Blockaden oder Ängste im violetten Licht aufgelöst werden.

Diese Übung ist sehr wichtig, da unsere feinstofflichen Körper geklärt sein müssen, wenn wir mit dem Wunschprogramm beginnen. Das Reinigen mit dem violetten Licht müssen wir regelmäßig vornehmen, da wir immer wieder Energien anziehen, die unsere feinstofflichen Körper verschmutzen. Jedes unbedachte Wort, Gedanken, die nicht in Liebe gedacht sind, alles das zieht Energien an, die nicht förderlich für uns sind.

Übungen für den Abend

Bitten Sie die Aufgestiegenen Meister, Ihre Aura zu reinigen:

Nehmen Sie den "Herzstern", und konzentrieren Sie sich dabei auf die Aufgestiegenen Meister der einzelnen Strahlen. Bitten Sie die Meister, dass sie alle Belastungen des vergangenen Tages aus der Aura entfernen, und bitten Sie auch darum, dass alle feinstofflichen Körper gereinigt werden.

Hier ist es sehr wichtig, dies immer abends zu tun, denn dadurch befreien Sie sich von allen Belastungen und manifestieren in unserer äußeren Welt Frieden, Freiheit und Vollkommenheit.

Das Rad des Lebens, die Gesetze der Natur und die Prinzipien der Zahlen

Um mit den Prinzipien und unsichtbaren Mächten, die unser Leben lenken, in Harmonie zu sein, müssen wir im Einklang mit den Naturgesetzen leben. In unserer heutigen Zeit wird es zunehmend wichtiger, uns immer wieder in Balance zu bringen. Dazu gehört natürlich auch, dass wir die Gesetze der Natur kennen; deshalb ist es notwendig, das Unsichtbare und Unbekannte kennen zu lernen. Nur etwa zehn Prozent von dem, was existiert, ist für uns sichtbar. Tatsächlich wird unser Leben aber von Grund auf durch die unsichtbaren Kräfte, die dem Rhythmus der Natur zugrunde liegen, gesteuert; Sonne und Mond beispielsweise haben im Jahresverlauf einen sehr großen Einfluss auf uns Menschen. Unsere Vorfahren, unsere Ältesten in der Geschichte der Menschheit, verehrten die Sonne als Quelle der Kraft, und die Sonne ist auch das mathematische Zentrum unseres Sonnensystems. Alle Planeten umkreisen sie in vollkommener Harmonie. Von der Sonne werden alle Codierungen bzw. Informationen gesteuert, die auf den Prinzipien des Universums aufgebaut sind. Sie ist das Herz, der Motor und das Tor zum universellen Bewusstsein.

Heute haben wir sehr viele spirituelle Erkenntnisse über das Wesen der Zahlen und ihre Beziehung zu den Farben, sie sind als

8. – 9. Ebene

archetypische Codierungen zu verstehen. Das bedeutet, dass jede Zahl von null bis unendlich einen codierten Inhalt bzw. eine Information des Universums enthält. Je kleiner die Zahl, umso höher die Schöpfungszuständigkeit.

Hierzu bekam ich eine Botschaft von Pythagoras:

"In Bezug auf die Geometrie und was die Zahlen angeht, haben diese Energien ganz bestimmte Bezüge, die in spezielle Bahnen gelenkt werden. Man kann auch sagen, diese Energien werden geordnet, strukturiert und wirken speziell. Jeder Mensch geht in Beziehung zu den Energien der Zahlen, die dann wiederum zum Zeitpunkt der Geburt den Charakter des Menschen widerspiegeln und auch seine Aufgabe im Universum, seine Lebensaufgabe ausdrücken. So ordnen die Energien der Zahlen genauer gesagt euer Leben, wenn ihr zulasst, dass eure Seele euch führt, damit eine Öffnung zum Kanal zu eurem Innersten bleibt. Über diese genaue Differenzierung wird alles im 'Großen und Ganzen' gesteuert, alles bleibt in Fluss – oder besser gesagt in der Entwicklung. So könnt ihr, wenn ihr tiefer ins Detail geht, erkennen, dass die Zahlen die Schlüssel zu allen Wahrheiten sind, da die Zahlen direkt die Matrix eures Lebens und der Seele, ja der Weltenseele sind. Ich war zu meiner Zeit verzückt und verzaubert vom Perfektionismus der Schöpfungen Gottes."

0 = Potenzial für alles, alle Möglichkeiten, Wandlung und Gefühl (Träumen), Wandlungstypen alle 10 Jahre mit neuen Qualitäten. Die 0 hat ein chaotisches Innenleben und beinhaltet das kosmische Wissen.

1 = 1. Idee, meine Persönlichkeit, der Wille, der Punkt, der Beginn. Die Zahl des Magiers, die hohe Form der weißen Magie, das nicht Fassbare, das Göttliche, Auseinandersetzung mit der menschlichen Dualität und Polarität. "ICH BIN", kreativ werden.

2 = Polarität, das Du, das Wir, die Teilung aus der Einheit. Sie ist die ruhende Spannung des Zwiespalts und des Zweifels. Die erste Zahl der Polarität, die Zahl der Kommunikation. Sie ist die Zahl der Weisheit und der inneren Kraft, die inneren Kräfte des Empfangens, der Geduld, der Intuition und des Zulassens. Hier gilt es, klar zu unterscheiden, welche Kräfte durch uns wirken und welchen wir die Tür öffnen. Die niedrige Form ist es, sich gehen zu lassen. Die höhere Form ist das Empfangen der göttlichen Kräfte und der himmlischen Reiche, um ihnen bedingungslos zu folgen.

3 = Verbindung von Geist und Materie, der Liebe und der Schönheit, der Harmonie und Verwandlung. Die niedrig gelebte Form ist die nicht entwickelte weibliche Seite; diese drückt sich aus in Neid, Eifersucht und Missklang. Die höchste Form ist Fülle und Schönheit in all ihren Erscheinungen, die Liebe zu allem, was ist. Die Drei ist die Individualität in der Gemeinschaft der Familie, das Kind, die irdische Mutter = Ausdruck, Gefühl, Selbstausdruck.

4 = Zentrum der Macht, Struktur und Ordnung. Die Vier setzt Grenzen, hier beginnt die Wirklichkeit im "Hier und Jetzt". Chronologie, Biologie und Vergangenheit, der irdische Vater = Stabilität.

5 = die Seele, das Ureigenste des Menschen. Wir bringen den Odem ins Leben. Die Fünf ist die Fähigkeit, zu lernen und Wissen zu erwerben, und hier liegt die Kraft, zu heilen oder heilig zu werden. Fünf

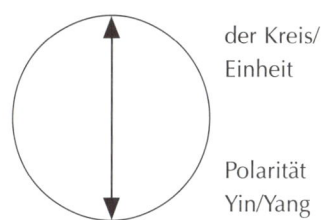

der Kreis/
Einheit

Polarität
Yin/Yang

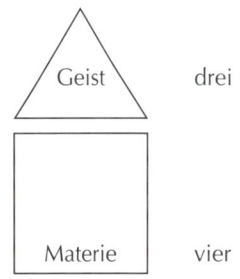

Geist   drei

Materie   vier

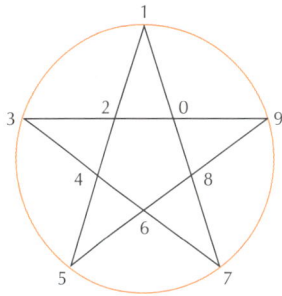

die Herzenszahl des »Ich bin« = fünf

*Königszahl, Sonnenzahl, die Zahl 7
Teil des Schemas der Schöpfung 3 – 7 – 12*

*Die obere Spirale steht für die Öffnung
zum Licht, die unteren für die Wandlungsphase des Menschen, das Prinzip der
Wiederverkörperung.*

ist die Zahl der Zentrierung im Herzen, die Zahl für Disziplin, Freiheit und Spiritualität als Schule des Lebens und um Schattenanteile zu besiegen.

6 = die treibende Kraft, der Motor, die Grundkraft und die Kraft der Sexualität, "die Herzenskraft". Die niedrige Form ist die egoistische, fordernde Liebe, die Bedingungen stellt, die höhere Form ist die bedingungslose, mitfühlende, hingebende Liebe. Diese Zahl hilft uns, Visionen, Kreativität und Frieden im eigenen Leben zu verankern.

7 = Verbindung zur göttlichen Idee, die Kraft des Aufbruchs, der Wandlung, des Neuanfangs und der Einweihung. Hier geht es darum, sich den kosmischen Kräften zu öffnen und den Wandel der kosmischen Kraft hinzunehmen. Durch das Annehmen dieser Kraft werden wir in höhere Bereiche des Lebens eingeweiht. Das Ziel ist Kreativität, unsere Berufung, das Lachen, die Freude und die Verschmelzung mit dem göttlichen Willen.

8 = die Zahl der Unendlichkeit, der Kraft und des ewig wiederkehrenden Kreislaufs, die Wunschzahl. Die niedrige Form ist das unbewusste Wirken. Die höhere Form ist das Ausbalancieren der eigenen Kraft. Achtung oder Missachtung, die Zahl des Selbstwertes und des Genusses auf der materiellen Ebene. Wahre Freude, Überfluss, Harmonie und Erfüllung sind die Aspekte dieser Zahl.

9 = die Erlösung. Die Kraft des All-Eins-Seins und Zurückgezogenseins, die volle Verantwortlichkeit für sich selbst übernehmen. Es ist die Kraft des weisen Menschen, der sich auf sein Licht konzentriert. Die hohe Form ist, sich selbst dem Licht zu öffnen, um für die Quelle des Lichtes zu leben. Die Neun ist eine besondere Zahl und enthält alles gesammelte Wissen, alle gesammelten Werke aus gelebten Erfahrungen. Sie bedeutet körperliche und geistige Bewegung. Das Neuner-Jahr bringt unternehmerische Lust, Veränderungen, Prozesse entwickeln sich und große bewusste Veränderungen finden statt.

Die Neun ist das eigene Wesen aus allen gesammelten Erfahrungen und die Verbindung mit der eigenen inneren Quelle.

10 = potenziert alles Vorherige. Der Mensch, der bewusst mit seiner Aufmerksamkeit im "Hier und Jetzt" ist. Die Zehn ist die Wandlungszahl, z. B. ich bin bereit und nehme alles im Leben an; das Rad des Schicksals.

11 = Meisterzahl, intensiviert alle Fähigkeiten und steht für spirituelle Macht, göttliche Aufgabe und Schattenarbeit, Klärung von unerlösten Themen.

12 = Zahl des Ganzen, geschlossener Kreis, Einheit, Auflösung, Transzendenz, eine Heilungs- und ebenfalls eine Meisterzahl.

(Die Numerologie ist eine Wissenschaft, die, wie uns schon Pythagoras sagte, aus solch einem immensen Wissen schöpft, dass hier nur ein kleiner Bruchteil davon erwähnt sein kann.)

Wir finden anhand der Zahlen und Farben unsere Lebensthemen

Auf den Seiten 68-80 habe ich sehr ausführlich über die Aura und die dazugehörigen Chakren des Menschen geschrieben. Die Zahlen dieser Chakren stehen mit den eingezeichneten farblichen Ebenen des menschlichen Körpers in Beziehung und sind dementsprechend Energien, die mit unseren Wesensmerkmalen in Verbindung stehen.

Der Tag unserer Geburt gleicht einem Tor, das der Mensch zu Beginn seiner physischen Reise passiert. Dieses Tor entspricht einer der neun Entwicklungsmöglichkeiten, die jede Seele für ihre Wanderung auf der Erde gewählt hat. Es sind Entwicklungsebenen, die wir vielleicht auch schon in früheren Inkarnationen durchlaufen haben und die teils mit schwachen, teils mit stärkeren Verletzungen und Wunden belastet sind. Jede Ebene ist einem bestimmten Chakra zugeordnet – es sind die Chakren von 1 bis 9.

Da wir für dieses Leben hier auf der Erde alle Aufgaben, Herausforderungen und Ziele in uns gespeichert haben, existieren diese neun Entwicklungsebenen, damit wir den Weg zur Bewusstwerdung auch gehen können. Die Herausforderungen dienen uns zur Klärung von Blockaden und zur Integration der göttlichen Tugenden, die wir auf unserem Lebensweg zu lernen haben. Das Tor unserer Geburt entspricht immer einer irdischen Entwicklungsebene, auf der jede Seele ihren Weg der Eigenerfahrung wählt, es ist ihr Lebensthema auf der entsprechenden Entwicklungsebene. Auf dieser Ebene wird die Seele mit allen unerlösten Wunden konfrontiert, die auf Transformation warten, und dieser Weg hält alle Möglichkeiten für uns bereit, die wir für die Transformation unserer Verletzungen und Blockaden benötigen. Gleichzeitig zeigt uns diese Ebene auf, was wir an Talenten und besonderen Gaben in diese Inkarnation mitgebracht haben und in welchen irdischen Bereich wir unsere Seelenanteile zurückholen und wieder integrieren können. Haben wir auf dieser Ebene alle Wunden und Blockaden transformiert, ist die Integration dieser Ebene abgeschlossen.

Die Lebenszahl zeigt uns immer an, in welchem irdischen Bereich wir unser größtes Potenzial noch nicht zum Ausdruck gebracht haben.

Die Lebenszahl offenbart uns den Weg, den wir bisher in seiner ganzen Bestimmung nicht erfahren haben.

Die Lebenszahl zeigt uns auch an, dass wir auf dieser Ebene unseren größten Herausforderungen begegnen, damit wir unsere Verletzungen transformieren können. Auf dieser Ebene können wir die größten Erkenntnisse für Bewusstheit und Heilung erlangen.

Um nun herauszufinden, auf welcher Entwicklungsebene wir inkarniert sind, können wir uns der Farbnumerologie bedienen. Die Zahlen mit ihren Aspekten helfen uns dabei auf sehr einfache Art und Weise, unsere Lebensthemen, Lernaufgaben und nicht zuletzt auch unseren inneren göttlichen Plan, unseren Lebensplan zu finden. Farben entsprechen wiederum den Frequenzen der Zahlen und sind somit Energieformen, die mit den Zahlen kommunizieren. Auf dem Bild (Seite 93) können wir die Zusammenhänge sehr übersichtlich erkennen.

Wir erkunden unsere besonderen Talente

Die Entwicklungsebenen des Menschen

10. Wandlungszahl
9. Chakra (Gold)
8. Chakra (Silber)
7. Scheitelchakra
6. Drittes Auge
5. Halschakra
4. Herzchakra
3. Solarplexus
2. Milzchakra
1. Wurzelchakra

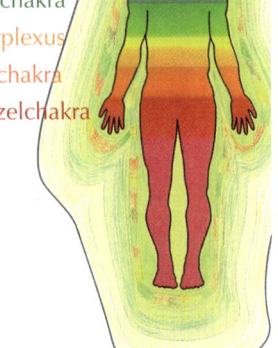

Bitte schreiben Sie Ihr Geburtsdatum auf, und vergleichen Sie die Ziffern mit den Farben.
Welche Farben fehlen?

Die neun Entwicklungsebenen im Menschen

Je höher der Zahlenwert, desto feinstofflicher wird die Energie – oder anders ausgedrückt, je feiner, luftiger und pastelliger eine Farbe ist, umso höher ist ihre energetische Frequenz. Anhand der Zusammenhänge zwischen den Farben und Zahlen können wir daher unser Leben, die Lebensaufgaben und alle anderen Lebensbereiche erforschen und analysieren. Dabei spielt auch unsere Intuition eine große Rolle, die wir bei der Analyse unseres Lebens mit einfließen lassen können.

Die Regenbogenfarben unseres Sonnenlichtes können wir aufgrund der Lichtbrechung durch ein Prisma sichtbar machen. Diese Farbbereiche liegen in den Schwingungsfrequenzen von 390 bis 770 Hertz (Hz), wobei die feinstofflicheren Aspekte der auf uns einwirkenden Farbstrahlen (YIN, weiblicher Aspekt) höhere Schwingungsebnen haben und die Farben in unserem Inneren überlagern und beeinflussen. Der Einfluss dieser Farben reicht bis ins 12. Chakra, dem Sitz unserer eigenen göttlichen Quelle "ICH BIN". Auf die Wirkung dieser Farben gehe ich später genauer ein. Jetzt, im Wassermann-Zeitalter, geht es vor allem darum, die Qualitäten des Sternzeichens Wassermann, die weibliche Seite in uns zu finden und die Kräfte (männlich – weiblich) in Balance zu halten und im Außen zu leben.

Anhand der Quersumme unserer Geburtsdaten ist es möglich, unseren vorrangigen Farb-Energieanteil im Körper zu bestimmen und mit Hilfe der Farbe festzustellen, auf welcher Entwicklungsebene/Chakraebene wir unsere Erfahrungen machen. Genauso zeigt uns die *"Zahl"* der Quersumme ebenfalls die Ebene in unserem Energiekörper an. Die fehlenden Zahlen geben uns auch Aufschluss darüber, welche dazugehörigen Farb-Energien uns fehlen – und diese Eigenschaften können wir im Verlauf unserer Lebensjahre entwickeln.

Unsere Entwicklung geht also bis zur Ebene der Zahl 9, und danach beginnt mit der 1(0) der erneute Kreislauf durch die Zahlen. Die Zahl 10 steht deshalb für Wandlung.

Wer sogar den Tag seiner Geburt kennt, kann auf Seite 46 und 47 nachsehen, welche besonderen Qualitäten er für diese Inkarnation mitbekommen hat, denn der Farbstrahl des Wochentages zeigt uns auch auf, welche Eigenschaften wir in unserem Inneren besitzen, die im Außen gelebt werden möchten. Der spielerische Umgang mit den Zahlen und Farben macht uns kreativ und eröffnet uns den Zugang zu unseren Gefühlen. Durch unser Gefühl für die tiefen, eigenen inneren Wahrheiten öffnen sich unsere Kanäle zum universellen Wissen.

Lebenszahl = Entwicklungsebene = Lebensthema = Hauptlebenssinn

Um nun herauszufinden, auf welcher Ebene wir inkarniert sind, habe ich rechts zwei Beispiele aufgeführt. Das erste Beispiel zeigt die Quersumme 6. Dieses Beispiel zeigt mein eigenes Geburtsdatum mit dem vorrangigen Farbanteil in violett.

6: Treibende Kraft der Liebe

Die Zahl 6 entspricht der Farbe Indigo und somit der Lebenszahl 6, dem Hauptlebenssinn auf der 6. Entwicklungsebene. Der Mensch mit dieser Farbschwingung hat nun die Lebensaufgabe, alle Aspekte, die mit dieser Eigenschwingung verbunden sind, in Fluss zu bringen und diese Talente auch im Außen zu leben, alle unerlösten Wunden auf dieser Ebene zu transformieren und die Gelegenheiten zum Wachstum zu nutzen.

Wenn wir unser Leben von einer höheren Warte aus betrachten und die Dimensionen der Spiritualität mit einbeziehen, dehnen wir uns in bisher unbekannte Weiten aus und gehen den Weg in die Vollkommenheit. Es ist ein Heilungsprozess, in dem Ängste in Vertrauen umgewandelt werden. Dabei dürfen wir nicht aus den Augen verlieren, dass wir uns in diesem Kontext auch von unseren Bewertungssystemen lösen müssen. Der Weg über unsere gemachten irdischen

10. Übung/Beispiele

Die Quersummen 11 + 12 aus den Geburtsdaten werden für das Errechnen der Lebenszahl nochmals reduziert.

Quersumme 11: 1 + 1 = 2
= 2. Entwicklungsebene

Geburtsdatum: 13.07.1948

$$13$$
$$7$$
$$+1948$$
$$1968 = 1+9+6+8 = 24 = 2+4 = 6$$

Quersumme: 6 indigo
= *Lebensthema auf der 6. Entwicklungsebene*
= *6. Chakra*
treibende Kraft der Liebe

In diesem Beispiel fehlt die Farbe Blau – der göttliche Ausdruck, die Entwicklung der Spiritualität, das, was die Seele zum Ausdruck bringt.

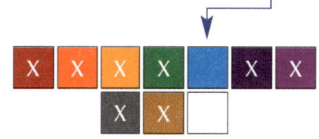

Errechnen Sie Ihre Lebenszahl, und vergleichen Sie die Energien der Zahlen, die ebenfalls vorhanden sind.

Erfahrungen ist der einzige Weg, den wir gehen können, um unsere Entwicklung voranzubringen. Das heißt, unser tägliches Spielfeld bringt uns mit unseren tiefsten Wunden in Kontakt, deren Heilung wir nun bewusst vornehmen können.

Der Wochentag = unsere jetzige Persönlichkeit in dieser Inkarnation: Was möchte ich in diesem Leben? Wenn Sie wissen, an welchem Tag Sie geboren wurden, bekommen Sie Aufschluss über den Weltenstrahl, der Sie bei Ihrer Geburt begleitet hat. Diese Seelenschwingung sollten Sie ebenfalls in Ihre Überlegungen einbeziehen. (Die Farben der Wochentage finden Sie auf den Seiten 46 und 47.)

Der Monat = Schwingung der Seele, der empfangende, weibliche Aspekt.

Lesen Sie bitte die Kapitel über die Planeten, vor allem über den Planeten, der in Ihrem Sternzeichen steht, und lesen Sie aufmerksam die Informationen zu den Aspekten und Tugenden durch, die es dort zu entwickeln gilt.

Der Jahrgang = Kollektivauftrag aller Menschen zusammen, wobei der 1 und der 9 dabei weniger Beachtung zu schenken ist.

Die Uhrzeit = persönliche Eigenschwingung unser Ureigenstes.

männlicher Aspekt + (Yang)	Chakren und Farben im Körper objektive Zeit männlicher Aspekt (gebend +) Wirkung im Außen	Lebensthema subjektive Zeit (-) Lebenszahl Jahreszahl Entwicklungsebenen Zahlen 1-9		Welche Farben fehlen? Diese Eigenschaften können wir mit Hil- fe der Farben aus der Meisterebene in un- serem Inneren zum Schwingen bringen! Lebensthemen auf den Ebenen
12. Chakra	⬤ HOHES SELBST	12		Heilungszahl, Vollendung
⑪. Chakra	◯	11	⑪	Meister der Persönlichkeit
10. Chakra	◯	10		innere Gaben
9. Chakra (Gold)	⬤	9	X	Integrität und Weisheit, Wandlung
8. Chakra (Silber)	⬤	8	X	Wünschen und Empfangen
7. Scheitelchakra	⬤	7	X	Verbindung zur göttlichen Idee
⑥. Drittes Auge	⬤	⑥	X	Spiritualität, Intuition, göttliche Liebe
5. Halschakra	⬤	5		Ausdruck des göttlichen Willens
4. Herzchakra	⬤	4	X	eigene Herzenskraft ausdrücken
3. Solarplexus	⬤	3	X	Klärung der eigenen Emotionen
2. Sakralchakra	⬤	2	X	Vergebung, Hingabe, Liebe
1. Wurzelchakra	⬤	1	X	Entwicklung hin zu höheren Idealen

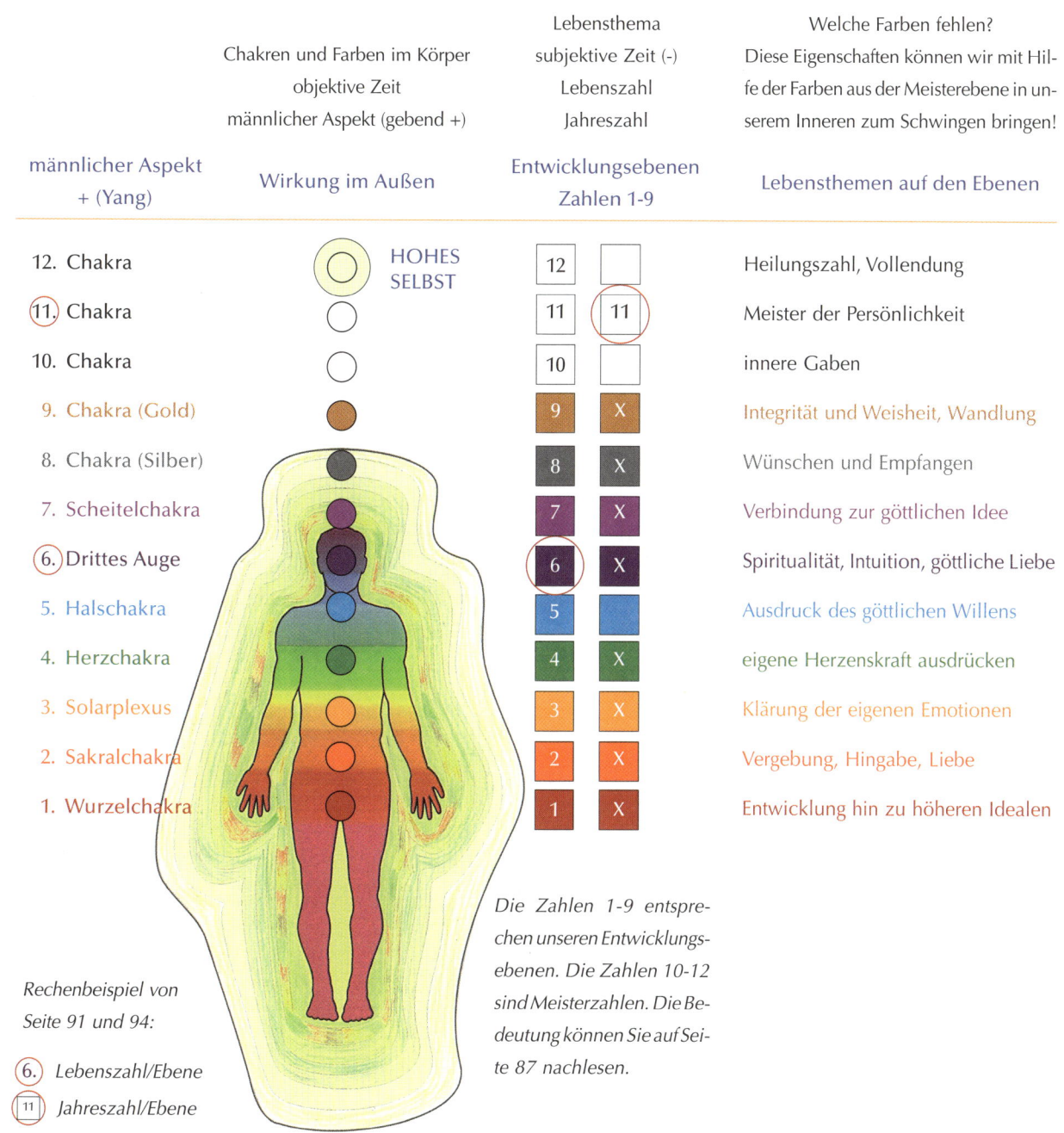

*Die Zahlen 1-9 entspre-
chen unseren Entwicklungsebenen. Die Zahlen 10-12
sind Meisterzahlen. Die Bedeutung können Sie auf Seite 87 nachlesen.*

*Rechenbeispiel von
Seite 91 und 94:*

⑥ *Lebenszahl/Ebene*

⑪ *Jahreszahl/Ebene*

11. Übung/Beispiel:

Geburtsdatum: 13.07.1948, Berechnung für das Jahr 2007

$$
\begin{array}{r}
13 \\
7 \\
+\ 2007 \\
\hline
2027
\end{array} = 2+0+2+7 = 11
$$

Die Quersummen 11 + 12 werden bei den Jahreszahlen nicht reduziert, da es Meisterzahlen sind.

Die Quersumme 11 sagt uns z. B.: Nur durch viel Schattenarbeit und durch die Auflösung von alten Verletzungen und Belastungen werden wir zum Meister unseres Lebens! Ein Jahr, in dem viele alte Blockaden transformiert werden.

Die Aspekte des 11. Farbstrahles kommen hier auf der unterbewussten Ebene zur Entfaltung. Es ist der 11. Farbstrahl und die Meisterzahl, die alles intensiviert und von LORD MAITREYA gelenkt wird.

Der persönliche Jahreszyklus beginnt immer mit dem Geburtstag und dauert bis zum nächsten Geburtstag an; er deckt sich also nicht mit dem kalendarischen Jahr.

Jahreszahl = Jahresthema = Entwicklungsebene im spezifischen Jahr

Jedes neue Jahr besitzt seine eigene energetische Grundschwingung, und jede dieser neun unterschiedlichen Schwingungen gleicht einem der neun Lebensthemen und seiner Entwicklungsebene. Durch die unterschiedlichen Zahlen der Jahreszyklen durchlaufen wir also immer wieder alle neun Entwicklungsebenen und begegnen dabei unseren unerlösten Themen. Neben der Schwingung eines jeden neuen Jahres, das seine eigene Schwingungsqualität besitzt, hat auch jede Jahresschwingung neben der äußeren eigenen auch eine Schwingung, die uns mit den Ebenen unserer Seele verbindet. Eine jede Seele trägt somit ihre eigene persönliche subjektive Jahreszahl in sich, und diese Grundschwingung des Jahres beginnt immer mit dem Geburtstag.

Um diese persönliche Jahreszahl zu errechnen, verwenden wir, wie im vorherigen Kapitel, unsere Geburtsdaten und ersetzen die Jahreszahl durch das entsprechende gesuchte Jahr. So können wir durch Addition und Analyse unsere Lektionen schon früher kennen lernen und mögliche Blockaden und Verletzungen vorzeitig auflösen.

Die errechnete Jahreszahl im aufgeführten Beispiel vom 13.7.2007 bis zum 13.7.2008 ist 11. Die Zahl 11 wird nicht reduziert, da sie eine Meisterzahl ist, sie steht für Schattenarbeit und für die Annahme der eigenen spirituellen Macht.

Die Zahlen 11 und 12 sind Meisterzahlen und werden nicht reduziert. Wann immer wir es mit diesen Zahlen zu tun haben, wissen wir, das dies einen beträchtlichen Druck auf uns ausübt. Wir stehen unter einem bewussten und unbewussten Druck, da diese Zahlen Meisterproben oder Hauptprüfungen darstellen.

Die äußere und auch die innere Jahreszahl erzeugen zwei Schwingungsebenen, die in der Lage sind, unseren Transformationsprozess vollkommen zu erlösen. Durch unsere Forschungen und Analysen unserer Talente, Emotionen und Hobbys finden wir alle Puzzleteilchen, die wir nur noch zusammensetzen müssen. Analyse hilft auf dem Erkenntnisweg, Emotionen sind der Auslöser. Erkenntnis über die vielfältigen Möglichkeiten auf unserem Weg der inneren Heilung erfahren wir über die Addition aller erlebten Erfahrungen unseres Lebens und über die Analyse. Wenn wir bereit sind, uns auf diese großartige Gelegenheit einzulassen, wird uns das Rad des Lebens zu den Wundern des göttlichen Segens führen.

Die Grafik auf Seite 93 zeigt unsere Chakren und die Zahlen 1 bis 12 (Mitte des Bildes). Rechts sind die entsprechenden Lebensthemen auf den Entwicklungsebenen und die Zahlenentsprechungen abgebildet. Diese Zahlen stehen also in Beziehung zu den Zahlenwerten der Chakraebenen. Diese Chakrazahlen gehören zur objektiven Zeit unserer äußeren Welt und zur materiellen Seinsebene, es ist die Welt, die wir sehen. Unser gesamter Organismus wird hierüber gesteuert.

Rechts sehen wir eine Farbskala mit den subjektiven Farben; von diesen Energiequalitäten werden wir unterbewusst gespeist. Es ist das empfangende Prinzip (YIN), das in uns unsere Lernprozesse in Gang setzt. Daneben sind die Chakraebenen der objektiven Zeit aufgelistet, die mit unseren Lebensthemen in direktem Zusammenhang stehen. Wir befinden uns also immer in zwei Energieschwingungen, den Polen der Dualität, die entweder das Positive/Harmonie oder die Illusion des irdischen Kampfes zum Ausdruck bringen, der von uns harmonisiert werden möchte. Das Außen bringt das Innen in Schwingung – und umgekehrt.

Da jede Entwicklungsebene, auf der wir zur Zeit inkarniert sind, von den lichtvollen Energien der geistigen Welt und den subjektiven Farben getragen wird, können wir diese hohen Schwingungsqualitäten bewusst für uns nutzen.

Wir können uns also mit den Frequenzen jedes einzelnen Farbstrahles und mit der Ebene verbinden, deren Hilfe wir anfordern möchten. – Bittet und euch wird gegeben. Ohne dieses Begehren können die Meister nicht eingreifen, da der freie Wille immer gewahrt wird; dies ist ein geistiges Gesetz. Durch Selbstannahme und Analyse bemerken wir aber sehr schnell, wo wir noch nicht im Gleichgewicht sind und woran wir noch zu arbeiten haben.

subjektive Farben weiblicher Aspekt – (YIN)	Lebensthemen/ Chakraebenen + (YANG)
12. Strahl – Opal	12
11. Strahl – Pfirsich	11
10. Strahl – Gold	10
9. Strahl – Magenta	9
8. Strahl – Aquamarin	8
2. Strahl – Goldgelb	7
5. Strahl – Moosgrün / 8. Strahl – Aquamarin / 1. Strahl – Königsblau / 9. Strahl – Magenta / 3. Strahl – Rosa / 10. Strahl – Gold / 11. Strahl – Pfirsich / 6. Strahl – Rubinrot / 7. Strahl – Violett / 12. Strahl – Opal / 4. Strahl – Weiß	6 / 5 / 4 / 3 / 2 / 1

Wir befinden uns immer in den Energieschwingungen dieser 2 Pole, dem Prinzip YIN und der subjektiven Zeit und dem Prinzip YANG in der objektiven Zeit unserer äußeren Welt.

Durch die Quersumme unserer Lebenszahl wissen wir jetzt, auf welcher Ebene wir inkarniert sind, und kennen somit auch schon das eigene Lebensthema und die Haupteigenschaften unser Talente, die wir mitbekommen haben. Jetzt können die Verletzungen aufgearbeitet werden, um den Kanal zum Kosmos zu öffnen. Durch die unterschiedlichen Zahlen der Jahreszyklen durchlaufen wir also immer wieder alle neun Entwicklungsebenen und begegnen dabei auch immer wieder unseren unerlösten Themen.

Die Zahlen 10 bis 12 gehören nicht zu den Entwicklungsebenen, sondern haben die vorweg beschriebenen Funktionen.

Damit wir unsere Verletzungen und Wunden der vielen Inkarnationen, die wir durchlebt haben, heilen können, ist es natürlich auch nötig, dass wir mit unseren weiblichen Qualitäten an den jeweiligen Verletzungen arbeiten.

Dies bedeutet, immer die Kräfte der Vergebung und Liebe mit einfließen zu lassen. Bei emotionalen Verletzungen des Herzchakras können wir so sehr gut den rosa-, den magenta- und den rubinfarbenen Strahl über unser Drittes Auge visualisieren. Diese Energien der YIN-Kräfte helfen uns, Ruhe, Stabilität, Liebe und Frieden in unser Herzchakra einzuschwingen.

Schauen wir uns dazu einmal die Farbzahlen an:

3 = Rosa, universelle Liebe und mütterliche Gefühle (Lady Rowena)

6 = Rubinrot, doppelte Herzens- und Liebeskraft, schenkt uns Frieden im Herzen (Lady Nada)

9 = Magenta, vollkommene Harmonie, dreifach ist in dieser Zahl die Liebe enthalten (Jesus)

Es gehört etwas Übung dazu, dieses Wissen in unser Leben zu integrieren, doch bei regelmäßigen Meditationen oder beim Visualisieren können wir spüren, wie sich das Lebensumfeld neu gestaltet. Die Farben, die uns besonders glücklich und zufrieden machen sind: Weiß, Gold, Rosa, Blau, Grün und Violett. Wie ich schon sagte, je feiner die Farben, je pastelliger und reiner, desto höher sind die energetischen

Schwingungen, die unsere feinstofflichen Energiekörper mit Lebenskraft versorgen. Dunkle, schmutzige Farben wirken dagegen schwächend auf alles, was uns umgibt, nicht zuletzt auch auf unseren Körper.

Auf den nächsten Seiten bekommen wir den direkten Kontakt mit den Ebenen der Aufgestiegenen Meister und Meisterinnen. Jeder hat sich zu Wort gemeldet, und ich bin sehr dankbar, dass ich diese Botschaften empfangen konnte und dass ich mit diesem Buch die Gelegenheit habe, dieses Wissen mitzuteilen.

Bevor wir jedoch die nächsten Seiten lesen, möchte ich mit Ihnen noch eine Farbmeditation machen, die mir Mutter Maria gegeben hat, um die Wahrnehmung zu schulen.

5. Übung: Das Ausgleichen der männlichen und weiblichen Energien

Meditation mit Mutter Maria

"Geliebte Kinder, ich grüße euch und gebe euch eine Meditation, die euch mit den männlichen und weiblichen Energien verbindet und euren feinstofflichen Körper ins Gleichgewicht bringt. Seht, meine Liebe ist mit dem grünen und rosafarbenen Strahl verbunden. Ich bin die Göttin der Liebe, die Muttergöttin und auch die weibliche Urkraft in euch.

Der Vater, euer göttlicher Vater, ist der Geist, das Geistige, die geistige Urkraft. Beide Energien in euch erzeugen die Kraft, die alles in die Ausgeglichenheit bringt, den Ausgleich aller Seinsebenen in euch. Es ist die Ebene in euch, die sich mit den neuen Energien des Wassermann-Zeitalters verbinden kann. Versteht, dies ist wichtig, um die neue Energie im Kausalkörper zu integrieren. Dadurch seid ihr im Gleichklang mit den Energie-Qualitäten dieser Zeit.

Nehmt jetzt drei tiefe Atemzüge, atmet tief ein und aus. Nehmt den Herzstern zur Hand, und konzentriert euch auf die Mitte des

Symbols. Öffnet mit eurer Vorstellungskraft euer Herzchakra, und verbindet euch mit unseren Energien der Liebe. Spürt ihr, wie es in eurem Herzen ganz warm wird ... Lasst dieses Gefühl der Liebe sich ausweiten, bis es euren Herzraum ganz ausfüllt ... Tiefer Friede erfasst euer ganzes Sein und weitet sich immer weiter aus ... Das Gefühl der Liebe zu 'ALLEM-WAS-IST' weitet sich immer weiter aus. Nun stellt euch vor, wie ihr mit eurer Vorstellungskraft das Kronenchakra öffnet und der weiße Strahl, die göttliche Kraft vom Geist des Vaters, in euch einströmt. Lasst diesen Strahl die Wirbelsäule hinunterfließen und sendet ihn über eure Fußsohlen hinab zum Herz von Mutter Erde. Nehmt die Verbindung mit Mutter Erde auf, sendet ihr euer Gefühl der Liebe für sie, schenkt ihr eure ganze Liebe ..., dieses Gefühl, das ihr jetzt in eurem Herzen spürt. Spürt ihr, wie sie auf euer Gefühl antwortet? Spürt nach ... Nun holt euch über eure Fußsohlen den rosafarbenen Strahl ihrer Liebe in euren Körper, zieht diesen Strahl bis in euer Herzchakra und lasst ihn sich dort ausweiten. Spürt ihr diese wunderbare Liebe? – Dehnt sie weiter in euch aus, und lasst euch beglücken von diesem erhabenen Gefühl.

Jetzt seht wiederum den weißen Strahl des göttlichen Vaters und holt ihn über euer Kronenchakra in euren Körper. Lasst ihn die Wirbelsäule hinunterfließen, und füllt euren gesamten Körper damit auf. Spürt, wie er eure Fußsohlen erreicht und dann langsam aufsteigt, wie das Licht eure Knie, Oberschenkel, euren gesamten Beckenraum erreicht. Fühlt, wie das weiße, gleißende Licht alle Körperzellen durchlichtet und immer weiter nach oben steigt, eure Arme anfüllt und immer weiter höher steigt, bis es euren gesamten Kopfraum durchflutet.

Stellt euch nun vor, wie beide Strahlen, der rosafarbene und der weiße Strahl, miteinander verschmelzen und wie aus eurem Dritten Auge dieses Licht jetzt strahlt. Sendet dieses Licht in eure Welt, in eure Familien und zu allen Menschen und Tieren. Spürt weiter nach, wie dieser Strahl die Grenzen eures Landes verlässt! Ihr habt die Hochzeit jetzt vollzogen. Ihr habt eure Energien jetzt ausgeglichen und die Verschmelzung der rosa göttlich-weiblichen Energie mit der weißen göttlich-männlichen Energie vollzogen. Nun kommt langsam in euer Tagesbewusstsein zurück.

Ich danke euch, eure euch über alles liebende Mutter Maria."

Erklärungen der Meister und Meisterinnen zu ihren Farbstrahlen

Dieser Farbstrahl wird von Meister EL MORYA, Erzengel MICHAEL und Elohim HERKULES in die Erdatmosphäre gelenkt. Er ist der Strahl des göttlichen Willens, des Glaubens, der Stärke, des Mutes und der Kraft. Die Energie dieses Strahles unterstützt uns bei der Umsetzung unseres Lebensplanes, wenn wir qualifiziert mit ihm umgehen. Wird dieser Strahl nicht mit der notwendigen Liebe und Sorgfalt angewendet, wirkt er als einfache, elektronische Kraft. Darum darf dieser Strahl auch nur zu aufbauenden, lebensbejahenden Zwecken genutzt werden.

Hierzu sagt Meister EL MORYA:

"Geliebte Freunde,
die ihr auf den Pfaden des Lichtes wandelt, ich grüße euch! Mein Strahl ist ein sehr starker Strahl, der euch auf eurem Weg ins Licht begleitet. Ruft ihn an, wenn ihr Kraft besonders benötigt, bei allen Plänen, die ihr in euer Leben integrieren und dort manifestieren wollt. Der blaue Strahl unterstützt euch auch bei Entscheidungen und bei den Unterscheidungen, die zu treffen sind, damit sich der göttliche Wille durch euch offenbaren kann. Seid versichert, wenn ihr mich anruft, werden augenblicklich die energetischen Verbindungen zu unseren Ebenen hergestellt. Wichtig ist euer Vertrauen, denn ohne eure Anrufung können wir von unserer Seite nicht in eure Lebensfragen eingreifen. So möchte ich euch hiermit sagen, euer freier Wille bleibt immer gewahrt.
Vertraut und öffnet euer Bewusstsein für die Kommunikation mit unseren Ebenen." EL MORYA

Der 1. Strahl: Blau
Er unterstützt unseren Entwicklungsprozess auf der 5. Ebene.
Lebenszahl 5 (Halschakra)

Hinweis:
Bitte lesen Sie die Botschaften sorgfältig durch, und erspüren Sie dabei ihre unterschiedlichen Energien!

Der 2. Strahl: Goldgelb
Er unterstützt unseren Entwicklungs-
prozess auf der 7. Ebene.
Lebenszahl 7 (Scheitelchakra)

Meister KONFUZIUS, Erzengel JOPHIEL und Elohim CASSIO-
PEIA lenken diesen Farbstrahl der Weisheit, Erleuchtung, Ehrfurcht und
Schöpferkraft. Durch die Anwendung und Integration dieses Strahles
erhalten wir tiefste Einsichten in die Mystik des Lebens und Zugang zu
altem Wissen. Der Strahl wirkt durch unser Scheitelchakra auf unsere
feinstofflichen Drüsen im Gehirn und stellt die Verbindung zur "ICH
BIN"-Gegenwart, zur eigenen Schöpferkraft in uns her.

"Geliebte Freunde,
ich grüße euch und danke euch für euer Interesse an den Farb-
strahlen und deren energetischen Besonderheiten, die ihr nutzen
könnt. Jedes Atom und jedes Wesen auf eurer Ebene hat eine be-
sondere Ausdrucksform und Prägung. Wir sehen, wie wichtig dieses
Wissen für euch ist, da durch die Umwälzungen auf eurer Erde die-
se in eine andere Dimension übergeht.

Das Wissen hilft auch, den Aufstiegsprozess für euch zu erleich-
tern und der Erde eure Unterstützung zu geben. Durch das Licht,
das in euch leuchtet, seid ihr anderen Menschen eine große Hilfe.
So geht mutig mit dieser Entwicklung, und seht euch als Pioniere
für die kommende Zeit. Wann immer ihr diesen Farbstrahl benötigt,
verbindet euch mit meinen Ebenen.

Lenkt den Strahl gezielt in die Bereiche eures Lebens, die seiner
Eigenschaften bedürfen." KONFUZIUS

Der 3. Strahl: Rosa
Er unterstützt unseren Entwicklungs-
prozess auf der 4. Ebene.
Lebenszahl 4 (Herzchakra)

Dieser Farbstrahl wird von Lady ROWENA, Erzengel CHAMU-
EL und Elohim ORION gelenkt. Es ist der Strahl der bedingungs-
losen Liebe, der Toleranz, der Güte, des Verständnisses und der göttlichen Freiheit. Dieser Strahl wirkt direkt auf das Herzchakra ein.
Viele physische Herzbeschwerden könnten verhindert werden, wenn
wir Menschen uns für diese bedingungslose, göttliche Liebe öffnen
würden. Haben wir diesen Strahl in unserem Kausalkörper integriert,
fühlen wir uns frei, sind kreativ und verantwortungsbewusst in unserem Leben.

"Meine lieben Freunde,
dieser feine Herzensstrahl ist dazu da, eure eigene Liebesfähigkeit
zu entwickeln und eines Tages ganz zu integrieren. Dies müsste euch

verständlich sein, da ihr alle geliebt und angenommen sein möchtet, so wie ihr seid. Und so könnt ihr den Strahl nutzen, um euer Leben und alles um euch herum mit dem rosa Strahl zu erfüllen. Stellt euch auch in euren alltäglichen Stunden vor, wie euch der rosa Strahl begleitet, euch umgibt. Lenkt den Strahl in alle Entscheidungen, die zu treffen sind, und ihr werdet feststellen, dass euer Alltagsleben farbiger, freudvoller und vor allem liebevoller wird. Dies möchtet ihr doch für euch ganz persönlich haben, warum nicht auch für eure Brüder, Schwestern und für alle Tiere, die ja ebenfalls eure Begleiter sind, für die Natur, die Erde, einfach für alle göttlichen Schöpfungen? Lernt, mit meinem Strahl alles zu energetisieren, was um euch ist. Wie herrlich, wie schön wäre dies, wenn mein Strahl sorgsam in alles Leben fließen würde. Auch merkt euch, mit jedem Mal, mit dem dieser Strahl von euch bewusst ins Leben gelenkt wird, wird auch die Strahlung in eurem Kausalkörper gestärkt. Meinen Strahl spürt ihr ganz deutlich in eurem Brustraum. Wenn ihr ihn aktiviert, spürt ihr ihn dort." ROWENA

Freiheit, Disziplin und Aufstieg wird von diesem Farbstrahl verkörpert, der von Meister SERAPIS BEY, Erzengel GABRIEL und Elohim CLAIRE gelenkt wird. Dieser Strahl wirkt auf unser Wurzelchakra ein. Wir werden durch diesen Strahl immer wieder an die von uns gewählte Lebensaufgabe und die damit verbundenen Erfahrungen herangeführt. Er zeigt uns auch, wo wir noch an uns zu arbeiten haben und welche Erkenntnisse wir noch benötigen.

"Gott zum Gruße,

ihr geliebten Schüler, die ihr auf dem Weg seid, um zu erkennen, was wahre Meisterschaft bedeutet. Meisterschaft habt ihr erlangt, wenn alle Aspekte der Farbstrahlen in eurem Kausalkörper integriert sind. Dies bedeutet harte Arbeit und unermüdliches Lernen auf eurem Entwicklungsweg. Im Weiß sind alle Farben enthalten. Und so prüfe ich einen jeden genau, wo es noch etwas zu lernen gibt und welche Tugenden noch erlangt werden müssen, um eines Tages den Weg ohne Wiederkehr ins Licht gehen zu können. Die Aufstiegsflamme mit ihrer grenzenlosen Energie kann euren Entwicklungsprozess fördern,

Der 4. Strahl: Weiß
Er unterstützt unseren Entwicklungsprozess auf der 1. Ebene.
Lebenszahl 1 (Wurzelchakra)

*wenn ihr in diesen Strahlenkreis der Flamme oft eintaucht. Alle Un-
rein- und Unvollkommenheiten werden aus euren feinstofflichen Körpern herausgewaschen. Weiß duldet keine schwarzen Flecken. Es ist
eine harte Schulung, der ihr euch unterziehen müsst, doch es lohnt
sich. Kommt oft zu mir, in die Aura der mächtigen weißen, kristal-
linen Flamme, und lasst euch von ihr erheben. Die Freude auf unseren Ebenen ist unendlich groß, wenn wir sehen, dass wieder eine
Seele emporgetragen wird vom Licht der Aufstiegsflamme. Seid bereit!" SERAPIS BEY*

Der 5. Strahl: Grün
Er unterstützt unseren Entwicklungs-
prozess auf der 6. Ebene.
Lebenszahl 6 (Drittes Auge)

Dieser Strahl beinhaltet die Aspekte Wahrheit, Reinheit, Konzentration und Heilung. Er wird von Meister HILARION, Erzengel
RAPHAEL und Elohim VISTA gelenkt. Dieser grüne Farbstrahl schult
unser Drittes Auge (*es ist unser Zentrum für außersinnliche Wahrnehmungen, z.B. für Hellsichtig- und Hellhörigkeit*). Auch unsere innere Stimme steht in Beziehung zu unserem Herzen und zum Dritten Auge. Wir lernen durch diesen Strahl, der eigenen inneren Wahrheit zu vertrauen. Durch unsere Verbindung zur eigenen Göttlichkeit bekommen wir auch den Kontakt zur geistigen Welt.

"Geliebte Freunde,

*ich grüße euch und sehe, wie viel ihr doch auf eurer Ebene noch
wissen müsst, um alle Möglichkeiten, die ihr durch die Farben bekommen habt, auch zu nutzen. Wie ihr in den Einführungen erfahren habt, sind Farben die Essenz allen Lebens, und jede Farbe hat
einen anderen Aspekt oder eine andere Energie, die eure Chakren
versorgen.*

*Nun hat der grüne Heilungsstrahl sehr viele Aspekte, und gleich-
zeitig ist er zu Heilzwecken anzuwenden. Wenn ihr in die Natur
schaut, seht ihr viele verschiedene Grüntöne, und alle Töne haben
einen heilenden Charakter. Grün ist auch Fülle und Vollkommenheit, Ausgeglichenheit, und auch die Rechtsprechung wird der Farbe
Grün zugeordnet. Anders ausgedrückt, Wahrheit und Aufrichtigkeit
heilen auch alle Ebenen in eurem menschlichen Sein. Lenkt den
Strahl der Heilung überall dorthin, wo Heilung erforderlich ist, ob
im physischen oder seelischen Bereich. Konzentriert euch auf das,*

was ihr erreichen möchtet, und bittet mich, ich werde dann augenblicklich meinen Strahl in die Bereiche lenken, die Wahrheit oder Heilung benötigen. Vertraut darauf, dass alles im Plan für euch so vorgesehen ist. 'ALLES-WAS-IST' ist dazu da, um von euch erkannt und angenommen zu werden. Behindert euch nicht mit Zweifeln an der Wahrheit dieser Worte, sondern erkennt den Wert dieser, für euch doch so unschätzbaren Hilfe. Ich freue mich über jeden Seelenstrahl, der sich für meine Hilfe öffnet. Auf unserer Ebene sind sehr viele Heilungsengel damit beschäftigt, die unterschiedlichsten Farbspektren in die Atmosphäre zu lenken, damit wir in dieser Zeit der Wandlung und der großen Veränderungen viele Menschen erreichen. So viel Liebe kommt von unseren Ebenen auf die Erdenwelt. Ich grüße euch und warte auf eure Bereitschaft und die Öffnung für unser Licht." HILARION

Die Eigenschaften des selbstlosen Dienens, der geistigen Heilung und des universellen Friedens werden durch diesen Farbstrahl in die Atmosphäre gelenkt. Die Lenker sind: Meisterin NADA, Erzengel URIEL und Elohim TRANQUILITAS. Der Strahl wirkt auf unser 3. Chakra, auf den Solarplexus. Durch unsere Gefühle können wir erkennen, wo es an Frieden und Harmonie mangelt oder wo negative Emotionen unsere Ausgeglichenheit blockieren. Der Solarplexus ist unser Zentrum der Macht und der Autorität, das positiv oder negativ genutzt werden kann. Dies ist das Zentrum unserer Gefühle, und hier können wir erspüren, ob wir in unserer Balance sind oder ob uns negative Gedanken und Gefühle beherrschen.

Der 6. Strahl: Rubinrot
Er unterstützt unseren Entwicklungsprozess auf der 3. Ebene.
Lebenszahl 3 (Solarplexus)

"Liebe Kinder dieser Erde,
wie schön ist es für mich zu sehen, wenn sich wieder ein Herz öffnet für die Schönheit des göttlichen Augenblickes und es in Liebe mit dem ganzen Sein verbunden ist. Mein rubinfarbener Strahl erfüllt euch mit tiefem Frieden und heilt alle eure Verletzungen. Sendet diesen Strahl in eure täglichen Belange, Wünsche und auch in die Herzen eurer Mitmenschen, damit auch sie den Frieden dieser Strahlung empfangen.
Der rubinfarbene Strahl bringt euch Heilung auf allen feinstofflichen Ebenen und unterstützt bzw. ergänzt den grünen Strahl. Dieser

Farbstrahl ist ein mächtiges Werkzeug für euch, denn eure Liebesfähigkeit bekommt sofort eine höhere Schwingung. Verbindet euch über euer Herzchakra mit mir. Ich danke euch sehr für diese Verbindung. So können wir das Licht und die Schwingung der Liebe immer stärker auf der Erde verankern. Oft sehen wir euch auch trauern um den Verlust von geliebten Menschen, die, wie ihr glaubt, nicht mehr um euch sind. Doch in Wirklichkeit sind sie auf unserer Seite, umgeben von einem Strom unendlicher Liebe. Der rubinrote Strahl ist ein verbindender Strahl der Liebe und der verbindenden Kraft mit allen Ebenen des Seins. Auf diesem Strahl könnt ihr all eure Freunde erreichen, auch diejenigen, die nicht mehr unter euch weilen. Schickt all eure Liebe, die ihr aufbringen könnt, auf diesem Strahl in eure Welt, in eure Familien, in eure Arbeitsstätten – und erwartet das Beste, was euch hierdurch zuteil wird. Gesegnet sind die, die im Frieden sind." NADA

Der 7. Strahl: Violett
Er unterstützt unseren Entwicklungsprozess auf der 2. Ebene.
Lebenszahl 2 (Milz-/Sakralchakra)

Es ist der Farbstrahl der Transformation und Umwandlung, der Hingabe und Vergebung und wird von SAINT GERMAIN, Erzengel ZADKIEL und Elohim ARCTURUS in die Atmosphäre gelenkt. Dieser Strahl hat einen direkten Bezug zu unserem physischen Körper, denn durch ihn wird die Verdauung und Ausscheidung gesteuert sowie die körperliche Liebe und Reinkarnationen. Dieser Strahl enthält alle Voraussetzungen, die wir für das angebrochene Zeitalter benötigen. Als wichtigstes Instrument dient er der Klärung unserer feinstofflichen Körper, damit eine Energieanhebung überhaupt möglich wird und wir Schritt halten können mit den begonnenen Veränderungen. Wir müssen lernen, vernünftig und realistisch zu beurteilen, was uns noch an Entwicklung fehlt und welche Probleme und Verletzungen noch aufzulösen sind.

"Liebe Freunde,

die ihr auf der Erde wandelt und euch vorgenommen habt, in dieser Zeit der Umwälzungen mitzuhelfen am Aufstiegsprozess, der zur Zeit stattfindet. Nun, viel ist schon geschehen, und wir sind dankbar für jeden Menschen, der uns hilft, die Energien auf der Erde anzuheben. Das violette Licht klärt eure Verletzungen und

Belastungen vieler Inkarnationen. Dies ist eine göttliche Gnade, die allen Menschen hilft, die feinstofflichen Körper zu reinigen, damit ihr eure Energien anheben könnt. So möchte ich euch sagen, scheut nicht davor zurück, etwas mehr Arbeit an euch selbst zu verrichten. Es ist jetzt wichtiger denn je, dass ihr nicht in alten Verhaltensmustern verharrt, sondern dass ihr bestrebt seid, möglichst viele Belastungen über Bord zu werfen. Das reine violette Licht ist dazu da, um alles zu klären, was nicht mehr zu eurem Leben passt.

Ihr könnt es auch auflösen, wenn ihr euch auf den Stern konzentriert. Wenn ihr mich darum bittet, Blockaden, Verletzungen und Belastungen aufzulösen, wirkt dieses Symbol als Informationsträger und Verstärker. Benutzt es oft, es ist mein Dienst an euch, in Liebe. Je mehr ihr an Belastungen aufgelöst habt, desto höher ist eure Lebensenergie. Nach der Reinigung benutzt das grüne Licht, um eure Zellen und Organe damit zu kräftigen und zu heilen. Mit dem violetten Licht kann wirklich alles umgewandelt werden, deshalb zögert nicht. Ich bin euch zutiefst verbunden!"
SAINT GERMAIN

Die fünf ergänzenden Farbstrahlen

Um unsere Entwicklung zu erleichtern, wurden im Jahr 1987 fünf weitere göttliche Farbstrahlen in unserem Kausalkörper aktiviert. Sie unterstützen die bekannten sieben Strahlen und verstärken deren Wirkung. Diese fünf ergänzenden Strahlen sind nicht nur auf bestimmte Chakren konzentriert, sondern wirken auf mehrere Energiezentren. Gelenkt werden diese Strahlenkräfte von den Weltenlehrern, die sich diese Position im Verlauf ihrer Evolution erarbeitet haben, und von den entsprechenden Erzengeln. Diese Strahlenlenker können jeden anderen Farbstrahl mit ihren Eigenschaften unterstützen.

Die neuen Strahlen bringen eine intensivere Veränderung unserer körperlichen, seelischen und geistigen Natur mit sich, weswegen es jetzt wichtig ist, diese Strahlen bewusst in unser Leben zu integrieren. Die Schwingungsfrequenzen dieser Strahlen entsprechen den Zahlen der höheren Sphären und wirken sehr stark in unserem Unterbewusstsein. Wir können diese Strahlen ganz gezielt in unsere Lebenssituationen lenken, um unsere Aufgaben oder Schwierigkeiten leichter lösen zu können.

Der 8. Strahl: Aquamarin
Er wirkt unterstützend auf die Lebenszahlen 5 + 6 (Halschakra/Drittes Auge).

MAHA = GROSS
COHAN = LENKER

Der aquamarinfarbene Strahl wird vom MAHA COHAN und Erzengel AQUARIEL gelenkt und wirkt zwischen dem Halschakra und dem Dritten Auge. Er hilft uns in unserer Unterscheidungsfähigkeit, um bestimmte Schritte einzuleiten. Der Maha Cohan hat das Amt des HEILIGEN GEISTES für die Erde übernommen, er schenkt uns Klarheit über unseren göttlichen Plan und auch darüber, was uns an der Durchführung dieses Planes hindert. Oft werden wir aufgefordert, uns neu zu orientieren, um nicht in veralteten Strukturen stecken zu bleiben. Wenn unser Bewusstsein weit genug entwickelt ist, sehen wir unseren eigenen Lebensweg klar vor uns, wir benötigen keine fremde Hilfe mehr und haben eine reine, geistige Schau auf unsere Entwicklung.

"Liebe Erdenbürger,

ich begrüße euch und möchte mich einreihen in die Strahlenfarben. Nun, wie ihr bereits wisst, bin ich Paolo Veronese, der Maha Cohan für dieses neue Zeitalter. Mein Strahl und die noch folgenden vier Strahlen ergänzen die sieben schon bekannten Strahlen, damit ihr auch in den unbewussten Stunden während der Nacht Unterstützung von unseren Ebenen bekommt. Mein Strahl unterstützt auch den 1. Strahl von EL MORYA. Ihr könnt meinen Strahl in alle Bereiche eures Lebens senden, wo ihr Klarheit für eure Entscheidungen braucht. Auch helfe ich euch bei den Formulierungen eures Ausdrucks, so nutzt die neuen Möglichkeiten der erweiterten Strahlenfarben!

Durch den aquamarinfarbenen Strahl wird alles Denken durchlässig, und ihr erkennt, was nützlich für euch ist. Alles Belastende, das nicht mehr zu euch gehört, wird von eurer Seite her erkannt, und ihr könnt es loslassen.

Ich freue mich über unsere gemeinsame Arbeit, damit euer Leben leichter und erfüllter wird." DER MAHA COHAN

Die Lenkung des magentafarbenen Strahles haben JESUS SA-NANDA und Erzengel ANTHRIEL übernommen, nachdem Lady NADA den rubinfarbenen Strahl betreut. Dieser Strahl manifestiert den Frieden, die Harmonie des Herzens und die Herzenswärme. Er unterstützt den Strahl von Lady Rowena, den 3. Strahl der göttlichen Liebe. Die Wirkung des Strahles spüren wir zwischen Herz- und Halschakra, und seine Wirkung ist absolut ausgleichend. Da die dreifältige Flamme in unserem Herzchakra ihren Wohnsitz hat und von dort über die innere Stimme den Kontakt zu unserem HOHEN SELBST herstellt, ist es sehr wichtig, dass wir in Harmonie und Frieden sind. Dann haben wir auch den Zugang zu den Ebenen der Aufgestiegenen Meister/innen, Engel und Erzengel. Das bedeutet, dass wir nur über die bedingungslose Liebe den Zugang zu diesen Ebenen erhalten.

"Meine geliebten Brüder und Schwestern,

Friede sei mit euch, und meinen Frieden sende ich euch mit dem magentafarbenen Strahl des absoluten Friedens auf allen Ebenen des Seins. Liebe und Frieden sind Attribute der göttlichen Gesetze, die jeder von euch in eurem Leben besitzen möchte. Doch diese Gesetze müssen zuerst in eurem Inneren ihren Widerhall finden, sonst können sie in eurer äußeren Welt nicht in Erscheinung treten. Merket euch, wie im Innen, so im Außen, d. h., wenn ihr in eurem Inneren den Frieden nicht finden könnt, wer kann euch dann von außen Frieden bringen? Ihr würdet dies nicht verstehen, da euer Fokus nicht darauf zentriert ist.

Also meine geliebten Freunde, es ist etwas an euren Einstellungen zu verändern. Seht ihr für euch nur das Positive, wird sich auch in der äußeren Welt Positives für euch manifestieren. Dieses göttliche Gesetz ist unabänderlich, und es ist in Wahrhaftigkeit ewig gültig, es ist ein sehr mächtiges Gesetz. In diesem Gesetz sind Liebe, Brüderlichkeit, Freiheit und Frieden verankert.

Meine Liebe gebe ich euch, so gebt diese Liebe uneingeschränkt an eure Brüder und Schwestern weiter; dies bedeutet auch zu nehmen und zu geben. Glaubt mir, meine Lieben, wie viel Freude davon ausgeht. Immer dann, wenn ihr bemerkt, dass ihr nicht in der

9. Strahl: Magenta
Er wirkt unterstützend auf die Lebenszahlen 4 + 5 (Herz-/Halschakra).

Liebe seid, wenn ihr Beklemmungen im Bereich eures Herzzentrums habt, holt euch den Magentastrahl ins Zentrum eures Herzraumes und verschafft euch Linderung. Mein Strahl unterstützt den rosafarbenen und den rubinfarbenen Strahl von Lady Rowena und Lady Nada. So sage ich euch, meine Liebe zeigt euch den einzig wahren Weg in die Vollkommenheit." JESUS SANANDA

10. Strahl: Gold
Er wirkt unterstützend auf die Lebenszahlen 3 + 4 (Solarplexus/Herzchakra).

Die Lenker des goldenen Farbstrahles sind Meister KUTHUMI und Erzengel VALEOEL; es ist der Strahl der Fülle, Weisheit, Geborgenheit und Sicherheit. Erst wenn wir Menschen gelernt haben, dass das Geben und Nehmen im Einklang mit den göttlichen Prinzipien ist, kann sich die Fülle in unserem Leben manifestieren. Alles muss im Fluss sein, und es ist nichts Verwerfliches daran, in der Fülle zu leben. Um dieses Ziel zu erreichen, müssen wir uns jedoch immer wieder an den Weg und den Plan, den wir gewählt haben, erinnern.

Der goldene Strahl arbeitet zwischen dem Herzchakra und dem Solarplexus. Gerade dieser Bereich wird sehr stark von äußeren Einflüssen geprägt, die sich durch Unruhe, Schreck oder Enttäuschung hier bemerkbar machen. Auch organisch ist dieser Bereich sehr unruhig, denn dort beginnt die Aufnahme und Verarbeitung unserer Nahrung und der Informationen, die uns tagtäglich über die Medien erreichen. Es ist sehr wichtig, dass wir durch gezielte Meditationen diese Unruhe ausgleichen und über unser Herzchakra transformieren, da wir nur in absoluter Ausgeglichenheit die Fülle in unser Leben ziehen können. Die Farbe Gold hilft uns, einen gewissen Wert in unser Leben zu ziehen und die Lebensqualität bzw. den Sinn des Lebens zu erfahren. Wenn wir Meister Kuthumis goldenen Strahl in unsere Mitte lenken, hilft er uns, eine solide Lebensexistenz aufzubauen.

"Liebe Freunde,
die ihr bemüht seid, unser Wissen in euer Leben zu integrieren. Ihr seht, wie sehr wir euch unterstützen möchten, um eure Erfahrungen zu erleichtern, damit ihr erkennt, dass das göttliche Bewusstsein 'Spirit' alles für euch in wunderbarer Schönheit, Fülle, Harmonie und Segenskraft vorgesehen hat.

Leider ist in eurer Welt so viel vom wahren Leben vergessen worden. Zu vielen Einflüssen seid ihr nun unterworfen, wodurch es euch oft sehr schwerfällt, an das wahre Leben wirklich zu glauben. Wie ihr wisst, war das Gold in allen Zeitaltern immer ein Metall der absoluten Fülle und des Reichtums. Schon die Alchemisten und Heiler erkannten im frühen Stadium eurer Menschheitsgeschichte den Wert des Goldes und konnten Materie in Gold verwandeln. Auch ihr könnt dies tun! Ihr müsst nur euer verstandesmäßiges Denken verändern. Sobald ihr Vernunft durch Liebe und Toleranz ersetzt, um andere Menschen nicht zu bevormunden, habt ihr ganz wichtige Partikel, um euer Leben in Fülle zu verwandeln. Fülle entsteht in eurem innersten Kern. Nur wenn ihr euch auf den Weg zu eurer Meisterschaft macht und sich eure Liebe zu Gott von niemandem aufhalten lässt, kann sich wahre Fülle in eurem Leben manifestieren. Versteht bitte, dass Fülle und wahrer Reichtum besondere Werte darstellen, die es zu erreichen gilt. Dies sind Gaben, die ihr Kinder Gottes mit nach Hause bringt. Es ist die Ehre, die ihr eurem Vater erweist. Es ist die wahrhaftige universelle Liebe, die euch dazu befähigt, alles zu tun, um seine Göttlichkeit zu ehren und zu preisen.

Wenn ihr mit meinem Strahl arbeiten möchtet, seid euch klar darüber, dass er euer Leben verändern wird. Hier gibt es keine Halbheiten mehr, ihr müsst dann lernen, alles nach seinem Willen zu tun.

Die Integration dieses Strahles ist ein großer Schritt, geht ihr ihn, erwartet euch eine grenzenlose Freude und Fülle." KUTHUMI

Dieser Farbstrahl wirkt ebenfalls zwischen dem Solarplexus und dem Herzchakra und wird von LORD MAITREYA (Buddha DIVINO) und Erzengel PERPETIEL gelenkt. Der Aspekt dieses Strahles ist Freude, vollkommener Plan und göttliche Aufgabe. Lord Maitreya hat gegenwärtig das Amt des Buddha für die Erde übernommen. Als früherer Weltenlehrer hat er auch die Inkarnation von Jesus begleitet. Lord Maitreya verbindet uns Menschen mit der Liebe Gottes und konfrontiert uns mit unserer Lebensaufgabe. Dieser Strahl erfordert von uns viel Vorarbeit, um ihn zu aktivieren und seine Aspekte umzusetzen. An diesem Punkt unserer Entwicklung angekommen,

11. Strahl: Pfirsich
Er wirkt schützend auf die Lebenszahl 4 + 5 (Herzchakra/Halschakra).

wissen wir schon sehr genau, was wir richtig oder falsch machen, infolge unseres schlechten Gewissens. Oft hadern wir auch noch mit der Umsetzung unserer Ideen und Pläne, der Weg erscheint uns oft noch zu steinig.

Der elfte Strahl zeigt uns auch auf, was wir bisher noch versäumt haben. Eine Umstellung und Änderung unserer Lebensumstände wird durch die Aktivierung dieses Strahles eingeleitet. Er kann uns helfen, das zu tun, wofür wir in diese Inkarnation gekommen sind. Haben wir unseren Lebensweg aber gefunden, so bringt er uns endlose Freude, die mit der Erfüllung unserer göttlichen Aufgabe einhergeht. Dadurch erfolgt unsere geistige Heilung, denn der Geist sucht nicht mehr - er hat seine Aufgabe gefunden.

"Seid gegrüßt, meine Kinder,

seht, wie wichtig der 'Weg' ist, den ihr gehen müsst, um aus allen irdischen Verflechtungen, in die ihr so oft geraten seid, herauszukommen. Mein Tempel strahlt so viel Liebe auf die Welt, die euch erreichen möchte, damit ihr spürt, wie wertvoll euer wahres Leben ist. Nutzt es, um euch zu verfeinern, indem ihr nach den wahren Werten eures Lebens sucht und auch nach dem Weg, der euch ganz erfüllt. Mehrt in euch dieses Licht. Mein Strahl versorgt euch in eurem Unterbewusstsein mit den Informationen, die ihr eines Tages zu suchen beginnt. Fangt an zu erkennen, dass euch nur euer Weg das Ziel erreichen lässt, für das ihr Inkarnation um Inkarnation zur Erde zurückkehrt. Wacht auf, und bittet mich, euch diesen Weg zu zeigen. Vertraut auf meine Führung, mir geht kein Kind auf seinem Weg verloren, darum glaubt dem geschriebenen Wort, dass euch tief in eurer Seele zu erreichen sucht. Mein Strahl führt euch hin zur Hingabe an eure Lebensaufgabe. Wenn ihr genügend Licht und Gaben zu mir gebracht habt, wird euer Leben sich gemäß dem Licht in eurem Inneren in seiner Göttlichkeit offenbaren. Mein Tempel ist der Tempel der Liebe im Sternzeichen des **Zwilling***, und von hier sehe ich jeden Lebensstrom in seiner Entwicklung.*

Durch eure Zustimmung, euer Licht zu mehren, bekommt jeder von euch die Impulse, die er auf seinem Weg ins Licht benötigt."
LORD MAITREYA

Der Sitz der geistigen Hierarchie ist Shamballa, das im ätherischen Bereich über der Wüste Gobi liegt. Hier bringen die Lichtschüler im November jeden Jahres ihre Lichtgaben dar, die sie im Jahresverlauf erworben haben. Durch diesen Tempel werden die Strahlenfarben Blau, Gold und Rosa auf unsere Welt gesendet, damit wir die Kräfte dieser dreifaltigen Flamme in unserem Herzen verankern können.

Der opalfarbene Farbstrahl wirkt zwischen dem Milz- bzw. Sakralchakra und dem Wurzelchakra. Er wird von SANAT KUMARA und Erzengel OMNIEL gelenkt.

Der opalfarbene Strahl unterstützt den violetten Strahl der Transformation und Umwandlung, der direkt in das Sakralchakra einwirkt. Beide Strahlen stehen am Ende eines Wandlungsprozesses, der mit jeder neuen Inkarnation einer Seele fortgeführt wird. So möchte der opalfarbene Strahl die Wiedergeburt ins Licht nach besten Kräften unterstützen. Zusammen mit Lady Venus als Paar verkörpert er reine, unerschütterliche Liebe mit Respekt, Treue und Toleranz.

Im neuen Jahrtausend werden diese Werte zunehmend wieder von uns Menschen gewürdigt und gelebt.

Körper, Seele und Geist werden sich zunehmend verändern, wenn unter uns Menschen das Bedürfnis hierfür gewachsen ist. So wird die Zufriedenheit über ein erfülltes Leben immer mehr erstrahlen.

Diese Veränderungen gehen mit der Aktivierung des opalfarbenen Strahles einher, doch solange wir diese Aspekte noch nicht leben können, stellen sich noch viele Blockaden ein. Je mehr wir jedoch den Strahl anrufen und integrieren wollen, desto mehr wird sich auch unser Körperbewusstsein verändern. Wir lernen, unseren Körper zu genießen und unsere Bedürfnisse in Freude zu erleben.

Dieser Strahl regelt die Inkarnation und die Wiedergeburt auf der physischen Ebene.

"Meine geliebten Freunde,

so lange arbeite ich schon mit euch zusammen, und viel ist geschehen in der Evolution der Menschheitsgeschichte. Nun sind wir dabei, die nächsten Schritte zu gehen, damit es für euch Menschen freudvoller und liebevoller werden kann. Mutter Erde schickt sich an, den Aufstieg in die nächste Dimension vorzunehmen, um näher bei ihren Sternengeschwistern zu sein. Ich habe für euch so viel vorbereitet, dass die Zeit jetzt dafür reif ist, das eurige dazu beizutragen. Viele eurer Brüder und Schwestern haben ihren Lebensplan, ihre Aufgabe schon gefunden. Mein Strahl hilft euch dabei, die Blaupause eures Lebens umzusetzen, die ihr vor eurem Eintritt in die Atmosphäre gewählt hattet. Nur wer die Aufgabe seines Lebens in dieser

12. Strahl: Opal
Er wirkt auf die Lebenszahlen 1 + 2
(Wurzelchakra, Milz-/Sakralchakra).

Inkarnation erkannt hat, kann durch meinen opalfarbenen Strahl Unterstützung bekommen. Zusammen mit dem weißen Strahl bereiten wir euch auf eine Wiedergeburt im Licht vor, wonach keine weitere irdische Inkarnation mehr erfolgt. Seht, dies ist eine Möglichkeit, die ihr nutzen könnt, um meinen Strahl zur Unterstützung zu rufen, wenn ihr die Sehnsucht in eurem Herzen tragt und die Vereinigung mit eurem eigenen göttlichen Kern vollziehen möchtet. Mein Strahl wirkt auch in den Nachtstunden auf euer Unterbewusstsein. Wenn ihr hier an dieser Pforte des Lichtes und vor dem Übergang zur nächsten Inkarnation mit mir arbeiten möchtet, ruft das opalfarbene Licht, es unterstützt alle Bemühungen.

Seid gewiss, nichts bleibt vergessen, und nichts an eurer Arbeit ist vergebens." SANAT KUMARA

5
Wir lenken die Farbstrahlen bewusst in unser Leben

Wie wir bereits wissen, sind die kosmischen Gesetze, die unser Leben steuern, ewig gültig. Alles um uns herum, die gesamte Schöpfung vollzieht sich nach diesen Gesetzen, und nur die Kenntnis darüber hilft uns, unseren geistigen Weg auch richtig zu gehen. Unser Intellekt muss zugunsten der Intuition zurückgenommen werden, damit wir unsere innere Stimme wirklich hören können, denn geistige Wahrheiten können wir nur mit unserem Herz erfühlen, um den wahren Weg zu erkennen. Ohne dieses Wissen um die kosmischen Wahrheiten, das uns von den großen Wesenheiten der Aufgestiegenen Meister und Meisterinnen, der Erzengel und Elohim vermittelt wird, ist ein wahres geistiges Leben auf unseren Ebenen nicht möglich.

Das Wissen um die Kräfte der kosmischen Farbstrahlen ist uns Menschen zur Verfügung gestellt worden, damit wir diese auch anwenden und gezielt in unser Leben und in die Welt lenken. Wenn wir an unserer eigenen Entwicklung arbeiten, entwickelt sich um uns herum alle Materie immer gemäß unserer eigenen Entwicklungsschritte. Indem wir unser Licht in unserem Inneren durch die Integration der einzelnen göttlichen Tugenden verstärken, wird unser Leben heller, harmonischer. Zusätzlich senden wir durch den inneren Frieden, den wir gefunden haben, positive Gedanken und Gefühle in unsere Welt.

Durch diese tiefe Verbindung zur inneren Quelle ziehen wir alles Positive in unser Leben, z. B. Menschen, Freude, Gesundheit, Fülle und Reichtum. Die Atomkraftteilchen aus dem Urlicht werden mit unseren positiven Lebenseinstellungen bewertet und in den Kosmos zurückgegeben. "ALLES IST EINS", und nichts ist getrennt – wie im Innen, so auch im Außen.

Somit werden wir Helfer und Lichtbringer im Dienst für die geistige Welt und für Mutter Erde. Nur die Energien des Lichtes allein sind in der Lage, den Wandel auf der Erde zu vollziehen. Durch

Die Energietore auf den nächsten Seiten führen uns zu den Ebenen des Lichtes der Aufgestiegenen Meister/innen, Erzengel und Elohim.

Die Reihenfolge der Zahlen entspricht der auf uns einwirkenden YIN-Zahlen und nicht der Reihenfolge der Chakrazahlen und Lebensebenen.

dieses Wissen haben wir also die Möglichkeit, unsere eigene Umwelt und schließlich auch die gesamte Welt zu verändern. Wenn uns bewusst wird, welche Verantwortung wir für uns und unser Leben in der gesamten Schöpfung haben, müssen wir dann nicht auch mitarbeiten?

Auf den nächsten Seiten sind alle zwölf Energietore zu den Ebenen der einzelnen Meister/innen und der Erzengel und Elohim aufgeführt. Die Reihenfolge entspricht der Zuordnung zu den einwirkenden YIN-Zahlen. Diese Farbstrahlen unterstützen alle Lebensprozesse, die wir durchlaufen. Gleichzeitig geben Sie uns Aufschluss über unsere Lebensthemen auf den jeweiligen Entwicklungsebenen. So können wir sehr schnell erkennen, welche Aspekte der Farbstrahlen wir noch zu entwickeln haben. (Die Reihenfolge entspricht nicht der Reihenfolge der Chakrazahlen und Lebensthemen.)

Die Tore stellen den direkten Kontakt zu den Ebenen der Aufgestiegenen Meister/innen und deren energetischen Schwingungen her. Unsere Entwicklungsebene, auf der wir inkarniert sind, hat die gleiche Grundschwingung und wird dementsprechend mit der Energie des Farbstrahles versorgt, der zu dieser Ebene gehört. Jede Ebene besteht, wie schon gesagt, aus zwei Grundschwingungen, den zwei Polen der Dualität. Wenn wir uns nicht in Harmonie befinden, so können wir im Außen die Schwingung zuführen, die wir im Innen benötigen, um Unterstützung bei unseren Lern- und Lebensthemen zu bekommen. Das Außen bringt damit das Innen in Schwingung, genauso wie das Innen durch die eigene Schöpferkraft das Außen beeinflussen kann. Mittels der Farben können wir alle Wunden in unserem Körper transformieren und den inneren Prozess der Heilung einleiten.

Die weiteren Farben, die wir zur Unterstützung und zur Klärung von Blockaden wählen können, sind feinstofflicher, d. h. ihre Schwingungen sind höher und feiner. Diese Farben sind für das neue Zeitalter wichtig, denn sie aktivieren weitere Chakren außerhalb unseres Körpers und unterstützen mit ihren Qualitäten unsere Entwicklung während der Nacht. Wenn wir diese Aspekte in uns integrieren mochten, können wir auch über die Tore mit den geistigen Helfern in Verbindung treten. Wir müssen dann aber auch in Kauf nehmen, dass sich große Veränderungen in unserem Lebensumfeld manifestieren und wir immer größeren Herausforderungen begegnen werden; diese Prüfungen generieren immer größere Lernerfahrungen, und wir entwickeln uns immer schneller weiter. Auf der anderen Seiten wird das Leben auch bunter, freudvoller, und wir beginnen, die Welt um uns herum mit anderen Augen zu sehen. Wir erleben die Poesie der Farben direkt in unserem Innenleben und fühlen uns eins mit den Energien der Meister und Meisterinnen, denn wir haben gelernt, alle Farben und ihre Kräfte zu spüren, zu erleben und in unser Leben fließen zu lassen. Sind wir an diesem Punkt angekommen, möchten wir nicht mehr zurück. Alles ist im Fluss, und alles ist eins. Wie im Innen, so erfahren wir die Welt auch im Außen - wir haben uns selbst gefunden.

Ich möchte hier ein kleines Beispiel anführen, das mir eine Kinesiologin erzählt hat, deren Mann sich mit Auradiagnose und Aurafotografien beschäftigt. Er machte ein Experiment mit einem Klienten, indem er, wie gewohnt, die Aura fotografierte und danach diesen Mann eine kurze Zeit liebevoll anschaute. Daraufhin machte er ein zweites Bild und stellte erstaunt fest, dass sich durch diesen Blickkontakt die Aura positiv verändert hatte.

Aus diesem Beispiel wird deutlich, wie uns unser Umfeld beeinflusst und wie sehr wir in Resonanz gehen zu allem, was uns umgibt. Eine liebevolle Aufmerksamkeit unseren Mitmenschen gegenüber verändert die Frequenz im Körper des anderen, verändert seine Denkstrukturen und erhöht zudem auch die Schwingung im eigenen Körper.

Ob wir mit unseren Händen fühlen oder mit den Augen wahrnehmen, scheint nicht von zentraler Bedeutung zu sein. Die Qualität der Erfahrung allein ist entscheidend für unsere innere Wahrnehmung! Doch nicht nur bei liebevoller Aufmerksamkeit, sondern auch bei der Benutzung der Resonanzkarten finden im Inneren des Menschen Veränderungen statt, vorausgesetzt wir wünschen dies auch für uns.

Hinweis:
Es erleichtert das Einstudieren der Strahlenaspekte, wenn Sie die Informationen der Lenker einzelner Farbstrahlen an den ihnen zugeordneten Wochentagen lesen. Am wirksamsten ist es, dies morgens zu tun, damit Sie sich tagsüber immer wieder mit den Meistern/innen verbinden können. So haben Sie für jeden Tag der Woche die Qualität der ersten sieben Weltenstrahlen immer präsent.

Die Schwingung einer Resonanzkarte entspricht 50.000 Lebenskrafteinheiten. Zum Vergleich: Die körpereigene Schwingung liegt bei einem spirituellen Menschen bei ca. 10.000, der neutrale Wert bei ungefähr 6.500 Lebenskrafteinheiten.

Durch diese Karten stehen uns demnach mächtige Werkzeuge zur Verfügung, die uns mit den Lichtfrequenzen der unterschiedlichsten Ebenen verbinden, dabei wird unsere eigene Körperschwingung erhöht, und wir haben dadurch die Möglichkeit, uns mit diesen hohen Schwingungen aus den Welten des Lichts zu verbinden.

Über eine Aurafotografie können wir diese Prozesse sichtbar machen.

Gottesbotschaft

"Freude und Dankbarkeit sind Bestandteile des menschlichen Lebens, an die ihr euch immer wieder erinnern und anbinden solltet. Es sind die Energiebahnen, die euch dazu befähigen, als wahre Schöpfer meiner Energiepotenziale zu wirken und diese auch zu nutzen, um eure Ziele in dieser, für euch nicht gänzlich einfachen Zeit auch wirklich zu erreichen.

Übt, meine Kinder des Lichtes, und gebt niemals auf. Nur über ein gewisses Maß an Klärung von alten Blockaden, Verletzungen und sonstigen unvollkommenen Ablagerungen in euren feinstofflichen Körpern können eure Ziele, sagen wir einmal eure göttlichen und warmherzigen Wünsche, nicht erreicht werden. Diese, meine Gesetze sind unabänderlich, da nur Aufrichtigkeit, Wahrheit und Konzentration auf das Wesentliche in eurem Leben mit meinen Gesetzen kompatibel sind. Alles andere sind nur scheinbare, unvollkommene Absichten, die euren Egos entstammen und euch nur kurzweiligen Erfolg versprechen oder vermitteln.

Dies ist so wahrhaftig, wie ich es für euch alle bin. Dies ist meine Liebe, die euch vermittelt, wie das wahre Leben auf eurer doch so wunderschönen Erde sein könnte. Nun haben wir euch durch meine Helfer aus den Reichen des Lichtes ein Werkzeug übermittelt, mit dem ihr immer und überall mit mir, dem 'Schöpfer allen Seins', auf allen Ebenen verbunden seid. Keines meiner Kinder lebt getrennt von mir, auch dies ist ein Beweis meiner uneingeschränkten Liebe zu jedem Einzelnen von euch. Für mich existiert kein Unterschied zwischen den Entwicklungsstufen, auf der jeder Einzelne sich befindet. Für mich existiert nur das tiefe Band der Liebe, die ich zu euch hege.

So kommt zu mir, die ihr beladen seid mit eurem Kummer, euren Ängsten und euren Zweifeln. Ich nehme alles an und verspreche einem jeden von euch, wenn ihr bereit seid für ein Leben, das auf Wahrheit und Liebe begründet ist: All eure Mühen werden belohnt! Indem ihr an der Verfeinerung eurer energetischen Qualitäten arbeitet, wird euer Leben freier und freudvoller. Zieht die Aspekte der Strahlen in euer Leben, und spürt meinen Atem, wie er euch lenkt, liebt und führt. Ich führe euch eurer Bestimmung zu!

Ihr habt alle Möglichkeiten in dieser Zeit. Bittet meine Helfer auf den verschiedenen Ebenen, euch zu helfen, und wisset, keines meiner Kinder verliert mein Licht.

Ich bin der ich bin!"

1. Farbstrahl: BLAU
Lenker: Meister EL MORYA

1. Farbstrahl: BLAU
Starke Manifestationskraft, wird beim
Erreichen eigener Ziele immer an die
erste Stelle gesetzt.

Hinweis:
Betrachten Sie bei Ihrer Suche auch
die Farbschwingungen der Wochen-
tage, und lesen Sie sich die Aspekte
dieser Strahlenkräfte durch. Beobach-
ten Sie dabei Ihre Emotionen! Diese
Hinweise können sehr hilfreich sein.

Erforschen Sie anhand Ihrer Lebenszahl Ihre Lernthemen

Wenn Sie anhand Ihrer Lebenszahl die Lernthemen auf Ihrer ureigensten Entwicklungsebene erforschen, haben Sie die Möglichkeit, noch belastende Strukturen und Blockaden aufzufinden und zu transformieren, um dadurch noch nicht integrierte Seelenanteile wieder im göttlichen Körper zu verankern. Die zwölf unterschiedlichen Strahlenkräfte der Aufgestiegenen Meister unterstützen uns auf den Entwicklungs-/Chakraebenen und erleichtern unsere Lernerfahrungen, wenn wir sie bewusst in unser Leben lenken. So können wir alles in unserem Leben mit den Aspekten dieser Strahlen energetisieren, wenn wir die Meister darum bitten.

Dabei wird der 1. Farbstrahl von Meister EL MORYA immer an die erste Stelle gesetzt, sei es, um den eigenen Lebensweg zu finden oder beim Manifestieren Ihrer Wünsche. Er unterstützt unser Wachstum und gibt uns Mut, Kraft und Schutz, damit wir gemäß unserer Bestimmung den eigenen Weg gehen können. Die Zahl 1 repräsentiert unsere eigene Schöpferkraft, vollkommene Freiheit und die bewusste Auseinandersetzung mit unseren Gedankenstrukturen. Sie ist der Weg zu Gott, und sie ist die starke Manifestationskraft der eigenen Gedankenebene.

Bevor Sie nun anfangen, mit den Energien der Farbstrahlen zu arbeiten, ist es wichtig, sich vorher zu reinigen, wie ich es auf Seite 82 beschrieben habe, und danach die Karte vom 1. Farbstrahl zu nutzen, um in die eigene Mitte zu kommen sowie um sich mit der Schwingungsfrequenz von Meister EL MORYA zu verbinden. Wenn wir unsere Reinigung täglich vornehmen, haben wir einen klaren, durchlässigen Kanal zu den Lichtebenen. Benutzen Sie das blaue Mandala, um das Tor mit Ihrem Bewusstsein zu durchschreiten; dabei legen Sie die linke (fühlende) Hand mit der Handunterseite auf das Mandala. So gehen Sie in Resonanz zur Farbe und zum ordnenden Prinzip des Kosmogramms – und zur Ebene von Meister EL MORYA.

Nehmen Sie die erste Karte, das Tor zur Ebene von Meister EL
MORYA, und atmen Sie 3-mal tief ein und aus. Legen Sie Ihre lin-
ke (fühlende) Hand auf die Karte, und lenken Sie Ihr Bewusstsein
auf den "Herzstern der universellen Liebe", dabei wird die Kraft die-

ser Karte durch den Herzstern verstärkt. Bitten Sie nun Meister EL MORYA um Unterstützung für Ihren Tag, für Ihr Anliegen oder ..., dabei legen Sie die rechte Hand auf das Herzchakra. Verweilen Sie so zwölf Minuten. Die Kraft der Karte mit den blauen Strahlenkräften geht so in Resonanz zu Ihrem innersten Wesenskern und überträgt die Aspekte der Strahlenkräfte auf das feinstoffliche Zentrum des 5. Chakras.

Nehmen Sie sich einen Zettel, und errechnen Sie Ihre Lebenszahl und die Jahreszahl. Sie sind die Schlüssel für die zu findende Lebensaufgabe, den Weg der Selbsterkenntnis und Heilung sowie für die Erfüllung Ihrer persönlichen Wünsche.

Wie schon beschrieben, zeigt Ihnen die Quersumme Ihres Geburtsdatums an, welches Lebensthema Sie aufzuarbeiten haben, auf welcher Entwicklungsebene Sie inkarniert sind und welche Lektionen gelernt werden wollen.

Die Jahreszahl zeigt Ihnen die jeweiligen Lernthemen des Jahres und Ihre möglichen Reaktionen auf die Ereignisse, denen Sie begegnen.

"So sei euch Folgendes gesagt:
Du, der du auf deinem Weg ins Licht wandelst, öffne dein Herz für den göttlichen Strahl des Willens, des Mutes und der Kraft. Die göttliche Gnade wird dich erfüllen und dich dahin führen, wofür du auf diese Erde gekommen bist. Suche mit dem Herzen, spüre nach und achte auf alle kleinen Momente des Erkennens. Schreibe alles auf, was in deinem Geist auftaucht. Kläre deine Gedanken und Gefühle immer und immer wieder. Mit der Zeit und dem Fortschritt deiner Entwicklung wird sich dein Weg immer klarer offenbaren. Bleibe im Vertrauen zur eigenen Führung, deiner 'ICH BIN-Gegenwart' der innersten göttlichen Quelle." EL MORYA

Hinweis:
Um mit der Ebene von Meister EL MORYA in Resonanz zu kommen, legen Sie bitte die linke (fühlende) Hand mit der Handunterseite auf das Mandala.

Fragen Sie im ersten Schritt Ihre wichtigsten Lebensfragen ab, und schreiben Sie auf, was Ihnen in den Sinn kommt:

Wer bin ich?
Wozu bin ich hier?
Was bestimmt meine Erfahrungen?
Wie sind meine Überzeugungen beschaffen?
Was möchte ich wirklich?

Achten Sie bei Ihrer Suche auch auf die fehlenden Farben Ihrer Geburtszahlen.
Welche Farben fehlen?
Die fehlenden Farben zeigen uns an, welche Tugenden im Verlauf des Lebens noch gelernt werden sollten.

4. Farbstrahl: WEISS
Lenker: Meister SERAPIS BEY

Der 4. Farbstrahl unterstützt unseren Lernprozess auf der/im

1. Entwicklungsebene
1. Chakra: Lebenskraft

Grundgefühle auf dieser Ebene:
Sicherheit
Zuversicht
Vertrauen ins Leben

Emotionen, die auf dieser Ebene erlöst werden möchten:
• Scham
• Überlebensängste
• Willensschwäche
• Misstrauen
• Perfektionismus
• Gefühl der Minderwertigkeit
• dogmatisches Denken
• Unersättlichkeit

Quersumme 1:
Das Thema der 1. Entwicklungsebene

Farbe der Ebene: Rot
Thema der Ebene: Reinheit, Zuversicht, Vertrauen

Lebensthema Quersumme 1 (+)
Unser persönlicher Wille, die Urkraft, Aktivität, die Art, mit der wir uns ausdrücken, Triebenergie, das Göttliche, die Idee, der Beginn, kreativ werden. Es ist der Weg des Vaters und die Aussöhnung mit dem Vater.

Subjektiv einwirkender 4. Farbstrahl (-):
Dieser Farbstrahl geht in Resonanz mit dem weiblichen Aspekt in uns und möchte mit seinen Energien die Verbindung zur eigenen Göttlichkeit in uns herstellen.

Das Thema der 1. Ebene ist die Suche nach der vollkommenen Freiheit, es ist der Weg zu Gott und die Aussöhnung mit Gott. Die 1 ist die Zahl der Schöpferkraft, die Ur-Kraft. Hier auf dieser Entwicklungsebene sind wir aufgefordert, unsere Gedankenebene zu durchforschen und unsere Emotionen klar zu übersetzen.

Menschen mit der Lebenszahl 1 sind sehr aktiv, haben großes Selbstbewusstsein und Ur-Vertrauen. Leidenschaft, Risikofreude, Mut und Zielstrebigkeit zeichnen sie aus. Ist die Energie allerdings blockiert, zeigt sich der Mensch überheblich, dominant, zynisch sowie rücksichtslos und möglicherweise auch gewalttätig. Auf der körperlichen Ebene zeigt sich die blockierte Energie durch Störungen der Ausscheidungsorgane, Niere, Blase usw. sowie im gesamten Bluthaushalt und Zellaufbau. Rotbetonte Menschen kommen nicht umhin, sich mit den Themen Leidenschaft, Polarität, Dualität und Ambivalenz und auch mit der Qualität des 1. Farbstrahls (blau) auseinanderzusetzen. Das bedeutet, nach innen zu hören und in die Stille zu gehen, um zu horchen, was die Seele einem mitteilen möchte.

Lektionen, die wir auf der 1. Ebene lernen möchten:
- das Urvertrauen schulen
- die Verbindung zur Natur und zur Erde pflegen
- unsere Süchte transformieren, auch die Unersättlichkeit
- neutral in Bezug zu anderen Menschen werden
- Reinheit und Disziplin

"Geliebte Schüler des Lichtes,
seit Zeitaltern sende ich diesen weißen Strahl der Reinheit und Dis-
ziplin hinab auf diesen Globus und sehe, wie viele Schwierigkeiten er
euch noch macht. Doch wisset, gerade dieser Strahl der Reinheit wird
für euch eines Tages den Aufstieg in unsere Sphären ermöglichen. Des-
halb arbeitet häufig mit ihm. Dieser Strahl setzt eine ungeheure Kraft,
eure eigene Schöpferkraft in euch frei." SERAPIS BEY

7. Farbstrahl: VIOLETT
Lenker: Meister SAINT GERMAIN

Der 7. Farbstrahl unterstützt unseren
Lernprozess auf der/im

2. Entwicklungsebene
2. Chakra: Sexualität – Reinkarnation

Grundgefühle auf dieser Ebene:
Lebensfreude
Ausgeglichenheit
Freude an der Sexualität

Emotionen, die auf dieser Ebene er-
löst werden möchten:
• unterdrückte weibliche Sexualität
• Scham
• Manipulationen am Emotionalkörper
• Unfähigkeit zur Hingabe
• Verklemmtheit
• Hass

Quersumme 2:
Das Thema der 2. Entwicklungsebene

Farbe der Ebene: Orange
Thema der Ebene: Lebensfreude, Dualität, Vereinigung

Lebensthema Quersumme 2 (+)
Das Thema dieser Ebene (orange) beinhaltet das "Wir", die innere Kraft des Empfangens, den Weg der weiblichen Intuition, den Weg der Göttin und den Weg der Aussöhnung mit der Göttin.

Subjektiv einwirkender 7. Farbstrahl (-):
Der 7. Farbstrahl unterstützt uns auf der 2. Ebene, der bewussten oder unbewussten Suche nach dem Weg der vollkommenen Hingabe und der weiblichen Intuition.

Das Thema der 2. Ebene ist der Weg der bewussten oder unbewussten Suche, der vollkommenen Hingabe, man wird sich der eigenen Empfänglichkeit bewusst. Auf dieser Ebene geht es um die Transformation von Verletzungen, die mit dem Thema Sexualität und Empfänglichkeit zu tun haben; auch bewusste oder unbewusste emotionale Gewalt möchte auf dieser Ebene transformiert werden.
Menschen mit der Lebenszahl 2 sind kreative Menschen, die gerne basteln, erfinden und sehr gesellig sind. Zur Lebensaufgabe der orangebetonten Menschen gehört es, die Zwiespältigkeit, Ambivalenz und innere Zerrissenheit zu überwinden. Der Aspekt des 7. Farbstrahls unterstützt unsere Entwicklung auf dieser Ebene, die Suche nach weiblicher Intuition. Disharmonien auf dieser Ebene spüren wir im Beckenbereich, in den Fortpflanzungsorganen, in der Milz und in der Bauchspeicheldrüse. Orange hat einen starken Bezug zur Gesundheit, zu Vitalität und zu Lebensfreude. Kann die Energie nicht frei fließen, fehlt es uns an Lebensfreude und Ausgeglichenheit. Dies ist ein Zeichen für uns, an dem wir erkennen können, dass noch alte Verletzungen vorhanden sind.

Lektionen, die wir auf dieser Ebene lernen möchten:

- Vergebung üben
- Selbstwert entwickeln
- die Gefühle des Gebens und Nehmens ausbalancieren
- Lebensfreude entwickeln
- Alle Wunden, die mit dem Thema der Sexualität behaftet sind, möchten auf dieser Ebene transformiert werden.

6. Farbstrahl: RUBINROT
Lenker: Meisterin LADY NADA

Der 6. Farbstrahl unterstützt unseren
Lernprozess auf der/im

3. Entwicklungsebene
3. Chakra: Gefühl und Intellekt

Grundgefühle auf dieser Ebene:
Einfühlungsvermögen
Gefühle empfangen und erfahren
innere Stärke erkennen

Emotionen, die auf dieser Ebene er-
löst werden möchten:
• Überempfindlichkeit
• übermäßige Erregbarkeit
• Unvernunft
• Selbstverleugnung
• übersteigertes Pflichtgefühl
• Gier

Quersumme 3:
Das Thema der 3. Entwicklungsebene

Farbe der Ebene: Gelb
Thema der Ebene: Gefühl und Intellekt

Lebensthema Quersumme 3 (+)

Das Thema der 3. Ebene ist die Verbindung zwischen Geist und Materie; es ist der Weg der irdischen Mutter sowie der Weg der Aussöhnung
mit der eigenen irdischen Mütterlichkeit und deren Integration.

Subjektiv einwirkender 6. Farbstrahl (-):

Er repräsentiert die absolute universelle Liebe, die Schönheit
und die Verwandlung in immer höhere Formen dieser wunderbaren Energie.

Das Thema der 3. Ebene ist die Aussöhnung mit der eigenen
Mutter; mit Hilfe der eigenen Emotionen und Erfahrungen müssen wir unseren Fokus auf Wahrheit und Klarheit lenken. Hier haben wir zu lernen, dass uns unser Transformationsprozess zur eigenen Seele und zu anderen Seelen führt, damit wir ein wahrer
Helfer werden. Es ist die Verbindung zwischen Geist und Seele,
die uns zur Verwandlung und Schönheit lenken möchte. Die weibliche Seite in unserer Natur kann hier auf der 3. Ebene zum Leben erweckt werden.

Gelbbetonte Menschen mit der Lebenszahl 3 sind geistige Aben-
teurer; klare, analytische Gedanken und geistige Kreativität prägen
sie. Viel Abwechslung, Kommunikationsfreude und Reiselust zeichnen diese Menschen aus. Ein blockiertes Gelb ist dagegen verbunden mit Hypernervosität, Ängstlich- und Kopflastigkeit, Pes-
simismus und so weiter. Auf der körperlichen Ebene stellen sich
Beschwerden in Form von nervösen Verspannungen im Solarplexus und durch vielfältige Sinnesreize ein. Gleichgewichtsstörungen
und negative Gedanken sind ebenfalls mögliche Ausdrucksformen.

Lektionen, die wir auf dieser Ebene lernen möchten:

- den eigenen Gefühlen vertrauen
- Offenheit sich selbst und anderen gegenüber
- Spontaneität und die Bereitschaft, auch einmal ein Risiko einzugehen
- Entwicklung von Führungsqualitäten
- Entwicklung von Lebensfreude
- Alle hinderlichen Emotionen auf dieser Ebene sind zu transformieren.

3. Farbstrahl: ROSA
Lenker: Meisterin LADY ROWENA

Der 3. Farbstrahl unterstützt unseren Lernprozess auf der/im

4. Entwicklungsebene
4. Chakra: Liebe

Grundgefühle dieser Ebene:
bedingungslose Liebe zu sich selbst
reine Liebe geben und empfangen

Emotionen, die auf dieser Ebene erlöst werden möchten:
• Traurigkeit
• Verletztheit
• Gleichgültigkeit
• Abhängigkeit
• Eifersucht
• Angst, dem eigenen Herzen
  zu folgen
• Habsucht

Quersumme 4:
Das Thema der 4. Entwicklungsebene

Farbe der Ebene: Grün
Thema der Ebene: Heilung, Gerechtigkeit, Wahrheit

Lebensthema Quersumme 4 (+)
Dies ist die Ebene, die das Thema Eigenliebe und die eigene Herzenskraft zum Ausdruck bringen möchte, aber auch Struktur sowie Ordnung. Das "ICH BIN" soll zum Ausdruck gebracht werden. Der irdische Vater = Stabilität.

Subjektiv einwirkender 3. Farbstrahl (-):
Er verbindet uns mit unserer Weiblichkeit, mit unserem Gefühl und unserem Selbstausdruck; unterstützt die Verbindung zur göttlichen Idee = Selbstausdruck und universelle Liebe. Die irdische Mutter = Gefühl.

Das Thema der 4. Ebene ist der Weg des irdischen Vaters, die Annahme der eigenen irdischen Macht durch die Annahme der eigenen Schöpferkraft. Der Weg der Gedanken sucht seine vollkommene Umsetzung in der irdischen Realität. Alte Themen mit dem irdischen Vater müssen transformiert und in Eigenverantwortung als väterliches Prinzip in uns verankert werden. Hier geht es um Erfahrungen der Liebe, Verbundenheit, Vergebung und Harmonie, aber auch um Emotionen wie z. B. Wut, Verlassenheit usw. Die Auflösung des Karmas bei den Themen dieser Ebene macht uns zu einem gefühlvollen Menschen, der Stabilität, Ruhe und Harmonie in allen Lebenslagen vermittelt. Grün steht in direkter Beziehung zu Geben und Nehmen, es symbolisiert Einfühlungsvermögen, Verständnis und Mitgefühl; daneben steht Grün in Beziehung zu Wohlstand und Fülle. Kann die Energie des Grünanteils frei fließen, lebt der Mensch die positiven Eigenschaften der Herzensqualität und ist in seiner Mitte. Im blockierten Zustand können auf der körperlichen Ebene allerdings Herzschwäche, Beschwerden im Brustbereich, der Thymusdrüse usw.

auftreten. Der rosafarbene und der magentafarbene Strahl schenken uns hier die ausgleichenden Energien und regen die eigene Herzenskraft mit der Schwingung der universellen Liebe an.

Lektionen, die wir auf dieser Ebene lernen dürfen:
- lernen, sich selbst und andere zu lieben
- lernen, dem eigenen Herzen und seinen Gefühlen zu vertrauen
- vergeben lernen
- Hingabe in einer Beziehung oder zu einer Aufgabe lernen
- lernen, dass Liebe zu Heilung und spirituellem Wachstum führt
- lernen, dass das Loslassen von Verantwortung auch zur Liebe zählt

1. Farbstrahl: Blau
Lenker: Meister EL MORYA

Der 1. Farbstrahl unterstützt unseren
Lernprozess auf der/im

5. Entwicklungsebene
5. Chakra: Sprachzentrum

Grundgefühle auf dieser Ebene:
Ausdruck innerer Gefühle und der damit verbundenen Kreativität
göttlicher Ausdruck

Emotionen, die auf dieser Ebene erlöst werden möchten:
• Angst vor Verletzung und Zurückweisung
• Angst vor Harmonieverlust und deshalb Angst davor, die Wahrheit zu sagen
• Angst davor, einen falschen Eindruck zu erwecken

Quersumme 5:
Das Thema der 5. Entwicklungsebene

Farbe der Ebene: Hellblau
Thema der Ebene: Sprachzentrum, göttlicher Ausdruck

Lebensthema Quersumme 5 (+)
Dies ist der Weg unserer Seele, das Ureigenste des Menschen. Wenn wir der Stimme unseres Herzens folgen, vollziehen wir auf dieser Ebene eine Wandlung hin zu Unabhängigkeit und Freiheit.

Subjektiv einwirkender 1. Farbstrahl (–)
Er verbindet uns mit dem göttlichen Willen, er schenkt uns Mut und Vertrauen in die eigene göttliche Führung.

Das Thema der 5. Ebene ist die spirituelle Schulung, die Suche nach Gott und der Göttin. Das spirituelle Leben erwacht; und es ist auch der Weg des (spirituellen) Lehrers. Alte Wunden, die mit diesen Themen zu tun haben, möchten transformiert werden. Zur Lebensaufgabe gehört der kreative, authentische Selbstausdruck – sei es durch Malen, Singen, Schreiben oder durch eine andere Ausdrucksmöglichkeit. Menschen mit der Quersumme 5 als Lebenszahl müssen auf alle Fälle eine Möglichkeit des Ausdrucks finden, um ihre tiefen spirituellen Erkenntnisse und Wahrheiten anderen Menschen mitteilen zu können. Dies bedeutet, dass sie ihre angeborene Zurückhaltung aufgeben und ihr inneres Wissen, dass sie sich im Verlauf der Inkarnationen erworben haben, zum Ausdruck bringen müssen. Im blockierten Zustand ist ein blaubetonter Mensch unruhig, unzufrieden und rechthaberisch. Auf der körperlichen Seite erkennen wir die blockierte Energie an Störungen des Halschakras und den damit verbundenen körperlichen Symptomen *(lesen Sie dazu bitte auch Seite 78 und 188).*

Lektionen, die wir auf dieser Ebene lernen dürfen:
• den göttlichen Willen und den göttlichen Plan erkennen und annehmen

- spirituelles Wachstum und Kommunikation mit den geistigen Ebenen
- spirituelle Schulung, auch Schulung anderer Menschen
- authentisch werden, ehrlich zu sich selbst und anderen sein
- Ausdrucksmöglichkeiten für die eigene Kreativität entwickeln
- Auflösung von Karma, das mit den Themen dieser Ebene verbunden ist

5. Farbstrahl: GRÜN
Lenker: Meister HILARION

Der 5. Farbstrahl unterstützt unseren Lernprozess auf der/im

6. Entwicklungsebene
6. Chakra: Hellsehen, Hellhören

Grundgefühle auf dieser Ebene:
Entwicklung der Spiritualität
sich eins fühlen mit ALLEM-WAS-IST
Vertrauen in das Leben

Emotionen, die auf dieser Ebene erlöst werden möchten:
• Gefühl der Getrenntheit
• Lieblosigkeit und Selbstverleugnung
• fehlende Demut und Freude
• Zweifel
• Stolz

Quersumme 6:
Das Thema der 6. Entwicklungsebene

Farbe der Ebene: Indigo
Thema der Ebene: Hellsehen, Hellhören

Lebensthema Quersumme 6 (+)

Der Weg der Liebe, sich EINS fühlen mit der göttlichen Energie und der Energie der treibenden Herzenskraft; Auseinandersetzung mit der partnerschaftlichen Liebe

Subjektiv einwirkender 5. Farbstrahl (-):

Dieser Farbstrahl unterstützt uns bei dem Prozess, Wissen zu erwerben, und schult den direkten Zugang zur geistigen Welt und zum "Hohen Selbst".

Das Thema der 6. Ebene ist der Weg der Liebe und der Aussöhnung mit der Liebe; es ist der Weg der Schönheit und der partnerschaftlichen Liebe. Die Transformationen von Verletzungen, die mit diesen Themen einhergehen, sind auf dieser Ebene zu suchen.

Menschen mit der Lebenszahl 6 sind verantwortungsbewusst und mit einem bemerkenswerten Durchhaltevermögen ausgestattet. Es sind indigo-betonte Menschen, die von Natur aus eine ganzheitliche Wahrnehmung und eine starke Intuition haben. Zur ihren Aufgaben auf der 6. Ebene gehört es, die Gabe des Erkennens, des Spürens, Heilens und Helfens anzunehmen sowie diesen Fähigkeiten auch zu vertrauen. Weiterhin muss die frei fließende orangefarbene Energie ins Leben integriert werden; über Orange wird somit innere Freiheit und Lebensfreude erfahren. Im blockierten Zustand werden sie zu schwermütigen Menschen und Einzelgängern, die wenig kooperativ, pedantisch und überperfektionistisch sind. Körperlich zeigt sich dies in Form von Störungen im Gesicht und im Zentralnervensystem.

Lektionen, die wir auf dieser Ebene lernen möchten:
• der Spiritualität Aufmerksamkeit schenken

- die größeren kosmischen Zusammenhänge erkennen und verstehen lernen
- Talente, Gaben und Fähigkeiten für sich und andere nutzen
- mangelndes Vertrauen in die eigene innere Stimme transformieren

"Geliebte Lichtschüler, die ihr an der Heilung eures Heimatplaneten beteiligt seid und gleichsam euren Körper, eure Seele und euren Geist heilt, meditiert oft mit meinem moosgrünen Strahl der Heilung. Doch sorgt dafür, dass ihr euch vorher immer mit dem violetten Strahl von Verletzungen reinigt. Danach kann das Grün auf allen Ebenen heilend wirken." HILARION

2. Farbstrahl: GOLDGELB
Lenker: KONFUZIUS

Der 2. Farbstrahl unterstützt unseren Lernprozess auf der/im

7. Entwicklungsebene
7. Chakra: göttliche Verbindung

Grundgefühle auf dieser Ebene:
Verbundenheit mit dem Kosmos
Freiheit
kreativer Selbstausdruck

Emotionen, die auf dieser Ebene erlöst werden möchten:
• Ungeduld
• alle Arten von Aggressionen
• Gleichgültigkeit
• Stolz
• Fixierung auf die Vergangenheit
  oder auf die Zukunft

Quersumme 7:
Das Thema der 7. Entwicklungsebene

Farbe der Ebene: Violett
Thema der Ebene: Weisheit, Erleuchtung, Schöpferkraft

Lebensthema Quersumme 7 (+)
Das Thema der 7. Entwicklungsebene ist der Weg in die innere Einheit sowie der Weg der Berufung, die Verbindung zu Gott und bedingungslose Liebe.

Subjektiv einwirkender 2. Farbstrahl (-):
Der 2. Farbstrahl unterstützt unseren Weg zur ICH BIN-Gegenwart und zur Quelle allen Wissens; zudem schult er unseren kreativen Selbstausdruck.

Das Thema der 7. Ebene ist der Weg in die innere Einheit, der Weg der Berufung, auch für den irdischen Beruf. Dieser Weg führt uns zu neuen Lebensufern, es ist der Weg des Aufbruchs.

Menschen mit der Lebenszahl 7 sind sehr sensibel und haben oftmals tiefe emotionale Probleme und Wunden, die transformiert werden möchten. Einerseits wirken sie im Außen sehr robust und abweisend, andererseits sind dies sehr sensible Menschen mit einer reichen Gefühlswelt. Violett hat die Schwingung des göttlichen Weges und das Streben nach etwas Höherem. Verbinden wir diese außergewöhnliche Kraft mit dem goldgelben Strahl der Weisheit und Erleuchtung von Meister Konfuzius, erwacht daraus ein höheres göttliches Ideal. Die Menschen auf dieser Ebene brauchen von Natur aus viel Raum und sehr viel Zeit für sich selbst und ausreichend Ruhe. Es ist wichtig, dass sie für eine gute Erdung sorgen. Kann die violette Energie frei durch alle Körperzonen fließen, genießt dieser Mensch eine tiefe Freude und Erfüllung, aus der das reine SEIN möglich wird. Ein blockiertes Violett wirkt sich dagegen in Form von Stoffwechselerkrankungen, Gemütsstörungen usw. aus.

Lektionen, die wir auf der 7. Ebene lernen dürfen:

- unterdrückte Aggressionen und emotionale Probleme aufspüren und transformieren
- Sanftmut und Mitgefühl entwickeln
- bedingungslose Liebe und Vergebung entwickeln
- die Verbindung zur inneren göttlichen Führung und den geistigen Ebenen herstellen und lernen, mit dem Fluss des Lebens zu schwimmen
- mediale Begabungen in das eigene Leben integrieren lernen
- mystische Erkenntnisse für alle Menschen erfahrbar machen

"ICH BIN wunderbar geborgen im Licht der Sonne und verbinde meinen Geist mit den mir innewohnenden Fähigkeiten und Talenten."

Fragen Sie zur Klärung Ihrer höheren Ideale:

- Welche Fähigkeiten habe ich und welche Talente?
- Was berührt mich?
- Welche Ziele habe ich?
- Welche Menschen könnten mir helfen?
- Erkenne ich meinen wahren Wert?
- Was macht mir wirklich Freude?

Schreiben Sie alles auf, und lesen Sie dazu die Kurzanalyse ab Seite 178.

8. Farbstrahl: AQUAMARIN
Lenker: Der MAHA COHAN

Der 8. Farbstrahl unterstützt unseren Lernprozess auf der/im

5. + 6. + 8. Ebene
5. + 6. + 8. Chakra

Grundgefühle auf dieser Ebene:
Genuss
Harmonie
Überfluss

Emotionen, die auf dieser Ebene erlöst werden möchten:
• Verletzt-, Schwach- und Kleinsein
• Manipulationen, die ihre Ursache in der Kindheit haben
• Verklemmtheit

Quersumme 8:
Das Thema der 8. Entwicklungsebene

Farbe der Ebene: SILBER (nach der Farbnumerologie)
Thema der Ebene: Unterscheidungsvermögen, Klarheit

Lebensthema mit der Quersumme 8 (+)
Das Thema dieser Ebene ist die Empfängnis der wahren Ernte, denn was wir säen, das ernten wir auch. Hier erfahren wir die göttliche Gnade und die wahren Wunder der göttlichen Fülle.

Subjektiv einwirkender 8. Farbstrahl (-)
Er vermittelt Unterscheidungsvermögen und geistige Ausrichtung auf den inneren Plan; er steht für die Erfüllung wahrer Freuden, für Harmonie, Schönheit und Überfluss.

Das Thema der 8. Ebene ist der Weg der Gerechtigkeit, hier empfangen wir die wahre Ernte auf Erden. Auf dieser Ebene werden wir auch mit den Wunden konfrontiert, die das Empfangen der wahren Ernte verhindern möchten, sowie mit Verletzungen aus unserer Kindheit, die mit dem Thema der Ungerechtigkeit einhergehen.

Menschen auf dieser Ebene haben sehr viele Schmerzen in ihrer Kindheit erlitten, die auf Transformation warten, und erst durch die Bewusstmachung dieser Blockaden kann Heilung stattfinden. Hieraus erwächst der befreite Umgang mit einem natürlichen Machtanspruch, und alles kommt ins Fließen, gemäß der Zahl 8. Frei fließende Energie in der Farbe Silber zeigt sich durch Liebe, Brüderlichkeit, Freude, Erfüllung und materielle Fülle. Der Farbstrahl vom MAHA COHAN sorgt ferner für durchlässige Gedankenstrukturen, Klarheit und Unterscheidungsvermögen, so dass wir alles Belastende besser erkennen und schließlich loslassen können.

Lektionen, die wir auf dieser Ebene lernen möchten:
• das Ausbalancieren der eigenen Kraft
• Selbstwert

- unser Leben lieben lernen und es genießen
- Unsere Gedanken und Gefühle, die sich gegen die göttliche Gerechtigkeit richten, möchten auf dieser Ebene transformiert werden.
- Alle Wunden, die im Zusammenhang mit dem Thema Gerechtigkeit entstanden sind, möchten auf dieser Ebene transformiert werden.

9. Farbstrahl: Magenta
Lenker: JESUS CHRISTUS

Der 9. Farbstrahl unterstützt unseren Lernprozess auf der/im

9. Entwicklungsebene
4. + 5. + 9. Chakra

Grundgefühle auf dieser Ebene:
Lebensfreude
Verbindung zur göttlichen Quelle
geistige Bewegung

Emotionen, die auf dieser Ebene erlöst werden möchten:
• Unterdrückung von Gefühlen
• von der eigenen Intuition getrennt sein
• übermäßiges Analysieren
• Unaufrichtigkeit

Quersumme 9:
Das Thema der 9. Entwicklungsebene

Farbe der Ebene: GOLD (nach der Farbnumerologie)
Thema der Ebene: Ausgleich, Harmonie, Gleichgewicht

Lebensthema mit der Quersumme 9 (+)

Auf dieser Ebene lernen wir die Integration des Wissens und der göttlichen Weisheit. Es geht hier auch um Selbstanalyse, um Meditation und um das Erlangen von Meisterschaft. Dies ist der Weg von schwarz zu weiß: die Summe aller gemachten Erfahrungen.

Subjektiv einwirkender 9. Farbstrahl (-)

Er unterstützt uns bei der Integration aller Farbstrahlen – und damit auch bei der Integration aller Ebenen, die damit verbunden sind. Dies ist der Strahl, der uns den Weg zur (inneren) Weisheit offenbart.

Das Thema der 9. Ebene ist der Weg der Weisheit und somit auch der Weg zur inneren Weisheit und Gewissheit. Wunden, die den Weg zur eigenen Weisheit versperren, möchten auf dieser Ebene transformiert werden. Alle unsere Wegweiser des Lebens möchten hier analysiert und erforscht werden. Auf dieser Ebene werden wir auch mit Wunden und Blockaden aus unser Kindheit konfrontiert, die auf Transformation warten.

Menschen auf dieser Ebene haben die Lebensaufgabe, ihr Seelenpotenzial zu erforschen und es im Außen zu leben. Es gehört zu ihren Aufgaben, ihr Wissen und ihre Erfahrungen zum Wohle anderer einzusetzen, sie lernen zu geben und zu teilen. Dieser Ebene wird *(in der Farbnumerologie)* die Farbe Gold zugeordnet. Goldbetonte Menschen vermeiden offene Konflikte, sind friedlich und hilfsbereit. Für sie ist es aber schwierig, Prioritäten zu setzen, da sie Probleme damit haben, die Grenzen ihrer Persönlichkeit zu wahren. Im blockierten Zustand werden sie vergrämt, hart oder verbittert und fühlen sich ausgenutzt oder vom Leben betrogen. Auf der körperlichen Ebene wirkt sich dies durch Beschwerden im Brustraum und durch Herzbeschwerden aus.

Lektionen, die wir auf dieser Ebene lernen müssen:

- Prioritäten setzen
- Mut zur eigenen Persönlichkeit entwickeln
- Selbstbetrachtung, Selbstreflexion und Analyse erlernen
- eigene innere Wahrheit finden
- der eigenen Wahrheit vertrauen lernen
- Alle Wunden dieser Themen warten auf Transformation.

Diese Botschaft bekam ich von Jesus zum Thema dieser Entwicklungsebene. Diesen Aspekt des Strahles können wir nicht oft genug in unsere Welt senden, um Frieden und Harmonie in Bereiche zu bringen, in denen Kriege, Unfrieden und Umweltkatastrophen wüten.

"Meine geliebten Kinder dieser Welt,
ich sehe so viel Leid und so viele Schmerzen auf eurer Erde, dass ich euch nicht genug sagen kann, nehmt euch zurück! Beginnt, an das zu glauben, was ich euch schon vor über 2000 Jahren versucht habe zu lehren. Hört auf, immer nach den Schuldigen zu suchen, sondern schaut in eure Herzen, schaut und fühlt, ob ihr in euch die Liebe findet, die Liebe, die alles verändert.

'Ich bin, der ich bin', ich bin Jesus, der Christus, der in euch seinen Platz einnehmen möchte, doch wann lasst ihr mich ein? Nehmt meine Liebe, spürt die Liebe, die ich euch gebe, und nehmt dieses kostbare Geschenk auch an. Fühlt mit dem Herzen die Wahrhaftigkeit meiner Worte."

Meditation

"Atmet tief ein und aus, und seht, wie der magentafarbene Strahl direkt in euer Herz fließt, spürt, wie er euren Herzraum weitet.

Spürt diese tiefe Liebe in euch und wie sie sich ausbreitet und euren gesamten Brustraum erfüllt. Tiefer Friede zieht nun in euch ein, der Friede, den ich euch gebe. Immer wenn ihr in Situationen kommt, in denen die Emotionen mit euch Achterbahn fahren, geht in euren Herzraum, und spürt diese tiefe innige Verbindung zu mir. Sagt immerzu:

'Jesus, du Friedensfürst, sei bei mir!' Und ich sage dir, so sei es! Ich werde meinen magentafarbenen Umhang um dich legen, und du bist im Frieden.

Friede sei mit dir!" JESUS

Quersumme 10:
Das Thema der 10. Entwicklungsebene

Quersumme 1 (0): Der Kreislauf beginnt aufs Neue
innere Ruhe, Fülle, Reichtum und Geborgenheit

Lebensthema Quersumme 1(0) (+)
Der Kreislauf durch alle Ebenen beginnt von vorne. Der Aspekt der 10 gibt uns Hinweise auf besondere Gaben, die wir für uns entdecken dürfen.

10. Farbstrahl, Gold (-)
Wir können uns täglich für die Energien dieser Strahlenkräfte öffnen und sie in alle Bereiche unseres täglichen Lebens senden.
Grün und Gold ziehen Wohlstand an – vorausgesetzt, wir haben an der Klärung unserer feinstofflichen Strukturen gearbeitet!

Da wir mit dieser Zahl in eine Wandlungsphase gehen, können die Aspekte dieser Zahl uns Aufschluss über unsere Entwicklung geben, wenn wir in die Selbstreflexion gehen.

Lektionen, die uns dieser Farbstrahl lehrt:
• das "EINSSEIN", sich im Einklang mit unserer göttlichen Natur fühlen
• Ausdruck im Sinne des göttlichen Planes und in der Welt der Materie finden
• Innere Fülle und Wohlstand wollen sich im Leben manifestieren.
• Hinweis auf besondere Talente und Gaben
• Alte Themen, die mit den Aspekten des 10. Farbstrahls von Meister KUTHUMI nicht im Einklang sind, können mit Hilfe dieses Farbstrahls auf den Ebenen des 3. + 4. Chakras erlöst werden.

10. Farbstrahl: GOLD
Lenker: Meister KUTHUMI

Der 10. Farbstrahl unterstützt unseren Lernprozess auf der/im

3. + 4. Entwicklungsebene
3. + 4. Chakra

Hinweis auf besondere (innere) Gaben und Fülle. Vereint alles Vorherige; Wandlungszahl!

"Geliebte Lichtschüler,

über Zeitalter hinweg versuchten die Menschen immer wieder, viel Macht und Geld zu erlangen, doch wisset, diese göttlichen Strahlen der goldgelben und der goldenen Flamme wurden immer wieder missbraucht. Hütet euch vor falscher Anwendung, und sendet nur ehrbare Absichten in den Äther."

KUTHUMI

Quersumme 11:
Das Thema der 11. Entwicklungsebene

Quersumme 11: Meisterzahl, Schattenarbeit und Intensivierung innere Ruhe, Fülle, Reichtum und Geborgenheit

Lebensthema Quersumme 11 (+)
Der 11. Strahl wirkt auf unseren Solarplexus und auf unser Herzchakra. Der Aspekt dieses Strahles bewirkt Freude und bringt uns zu unserem Lebensweg. Der Aspekt dieses Strahles gibt uns auch Aufschluss auf unser Jahresthema im spezifischen Jahr!

Subjektiv einwirkender 11. Farbstrahl (-)
Die Zahl 11 ist die Meisterzahl, sie intensiviert alle Fähigkeiten und steht für spirituelle Macht und göttliche Aufgaben.

Da wir unseren Lebensthemen auf den Ebenen unserer Chakren begegnen, und zwar auf den Ebenen 1 – 9, und da die Wandlungszahl 10 auf besondere innere Gaben hinweist und demnach alles Vorherige vereint und eine Wandlung vollzieht, sind die Zahlen 11 und 12 besondere Zahlen, die wir nur über die Quersumme unserer persönlichen Jahreszahl bekommen. Wie schon erwähnt, werden diese Jahreszahlen 11 und 12 nicht gekürzt, da es Meisterzahlen sind.

Diese Zahlen geben besondere Hinweise bei den Lernerfahrungen im individuellen Jahreszyklus, also vom Geburtsdatum beginnend bis zum nächsten Geburtstag. Die Quersumme 11 sagt uns z.B. auch, dass wir durch viel Klärungsarbeit und Auflösung von alten Verletzungen und Karma zum Meister unseres Lebens werden können. Also ein Jahr, das uns viel Transformationsarbeit abverlangt. Durch diese Prozesse müssen wir unbedingt gehen, da wir sonst in unserer Entwicklung stehen bleiben.

Wenn Sie den 11. Farbstrahl von LORD MAITREYA zu Hilfe nehmen, sorgt er für eine positive Aufarbeitung uralter Themen und führt Sie zur Meisterschaft über Ihr Leben.

11. Farbstrahl: PFIRSICH
Lenker: LORD MAITREYA

Der 11. Farbstrahl unterstützt unseren Lernprozess auf der/im

3. + 4. Entwicklungsebene
3. + 4. Chakra

Meisterzahl: 11
Durch Schattenarbeit werde ich zum Meister meines Lebens!

12. Farbstrahl: OPAL
Lenker: SANAT KUMARA

Der 12. Farbstrahl unterstützt unseren Lernprozess auf der/im

1. + 2. Entwicklungsebene
1. + 2. Chakra

Quersumme 12:
Das Thema der 12. Entwicklungsebene

Quersumme 12: Meisterzahl – Wiedergeburt, Umwandlung, Einheit, Auflösung, Transzendenz

Lebensthema Quersumme 12 (+)
Die Aspekte dieser Strahlenkräfte verhelfen uns auf der 1. + 2. Ebene zur Klärung uralter Themen und stehen für die Auseinandersetzung mit der eigenen Polarität. Damit verbunden ist die Rückkehr in die Einheit ohne Wiederkehr. Dieser Farbstrahl gibt uns auch Aufschluss über unser Jahresthema im spezifischen Jahr.

Subjektiv einwirkender 12. Farbstrahl (-)
Er hilft uns, ebenso wie der 11. Farbstrahl, den eigenen Weg zu finden und in die Einheit mit Gott zu kommen.
Die Meisterzahl 12 ist die Zahl des runden, ganzen und geschlossenen Kreises. Es gibt 12 Aufgestiegene Meister der Großen Weißen Bruderschaft, 12 Monate im Jahr, 12 Dimensionen, 12 Oktaven ...

Lektionen, die uns dieser Farbstrahl lehrt:
- Auseinandersetzung mit der ALL-EINHEIT
- Auseinandersetzung mit der Zahl 1 und 2, also mit der Polarität und den Verletzungen auf diesen Ebenen. Das damit verbundene uralte Karma wird durch die Energie dieses Farbstrahls aus den feinstofflichen Zentren unserer Energiekörper entfernt.
- hilft ebenso wie der 11. Farbstrahl bei der Umsetzung der Blaupause unseres Lebens, der Verwirklichung unseres Lebensplanes
- Reinkarnation und Wiedergeburt
- Vereinigung mit unserem "HOHEN SELBST"
- Nehmen Sie die Karte mit dem 12. Farbstrahl von SANAT KUMARA, und klären Sie immer wieder ganz bewusst Ihre feinstofflichen Zentren. Dies unterstützt den weißen Farbstrahl von Meister SERAPIS BEY und den 7. Farbstrahl von Meister SAINT GERMAIN.

Die 12 ist die Zahl des EINEN, der alles kann – die Zahl des Universums. Mit allen Zahlenschlüsseln können Sie spielerisch umgehen. Benutzen Sie die Karten als Energietore zu den "Aufgestiegenen Meistern", um Ihre Übungen zu erleichtern.

"Meine geliebten Freunde,
die ihr so eifrig dieses Buch studiert und euch mit den Aspekten unserer Farbstrahlen auseinandersetzt. Glaubt mir, dieser Weg bedeutet Erfüllung! Wahre Erfüllung in eurem Leben tut sich auf, wenn ihr mit den hohen Lichtschwingungen unserer Ebenen arbeitet. Ihr fühlt automatisch die Energien, wenn ihr diese Strahlen in euren Körper zieht. Eine tiefe, freudvolle und andächtige Grundschwingung erfüllt immer mehr euer Wesen, und eure Seelen bekommen die reinste Nahrung aus den Ebenen des Lichtes.

So bin ich, als der SANAT KUMARA, wie ihr mich kennt, sehr froh über jeden Zuwachs des Lichtes auf eurer Erde. Die Menschenfamilie liegt mir sehr am Herzen, und so danke ich euch für euren Mut und für euer Vertrauen. Fühlt immer wieder in euren Herzraum, spürt nach, und wenn ihr bemerkt, dass eure Emotionen nicht in einer ausgeglichenen Verfassung sind, dann holt euch denjenigen Strahl zur Hilfe, mit dessen Aspekt ihr gerade zu kämpfen habt. Ihr werdet sogleich Linderung verspüren, und glaubt mir, ihr werdet nach einer gewissen Zeit der Übung diese Form unserer gemeinsamen Arbeit nicht mehr missen wollen, und alles um euch herum wird licht und hell. Ich gebe euch meine Liebe mit auf den Weg und grüße euch auch im Namen aller meiner beteiligten Lichtfreunde hier auf unseren Ebenen.

Wisset, nur wer anklopft an das große Tor zur Meisterschaft, dem kann gegeben werden, was er sich aus tiefstem Herzen wünscht. Voraussetzung für das Gelingen euer Wünsche ist die Klärung euer Aura von belastenden alten Wunden. Aber dann seit ihr bereit für das Feuerwerk purer Lebensfreude, die nur aus euren tiefsten Schichten des SEINS entstehen kann. Gott zum Gruße!" SANAT KUMARA

6

Ebenen der Astrologie im Herzstern

Die feinstofflichen Qualitäten unserer Erde

Auf den vergangenen Seiten habe ich das Zentrum des Herzsterns, die Beziehung des Menschen zum Kosmos, beschrieben. Wir haben sehr viel über die Energien der göttlichen Farbstrahlen und deren große Lenker erfahren. Viele Übungen habe ich aufgezeigt, und wunderbare Botschaften haben dieses Buch energetisiert und bereichert. Wir haben unsere Entwicklungsebenen gefunden und uns mit unseren Blockaden auseinandergesetzt – und dabei viel Ballast aus dem Gepäck, das wir alle mit uns herumschleppen, entfernen können.

Um zu einem ganzheitlichen Menschen zu werden, kommen wir aber nicht umhin, uns auch mit dem uralten Wissen und der Beziehung des Menschen zur Erde sowie mit den feinstofflichen Qualitäten der uns umgebenden Natur zu beschäftigen. Ohne unsere Beziehung zum Wesen der Erde zu verstehen, sind wir nicht in der Lage, ein wahres, spirituelles Leben zu führen. Ich möchte Ihnen auf den nächsten Seiten daher einen Überblick über die Kräfte geben, die maßgeblich dazu beitragen, dass wir uns hier in der Welt der Materie überhaupt verankern und leben können. Unterschiedlichste kosmische Elemente, Strukturen und Reiche mit unterschiedlichsten Wesen, Steinen und Pflanzen haben darin ihre Aufgaben. Dieses Wissen ist uns teilweise bekannt, manches allerdings erscheint uns vielleicht nicht fassbar und unrealistisch, da wir es nicht sehen können. Unseren Ahnen war es jedoch noch tief vertraut, sie lebten im Einklang mit den Gesetzen der Natur und wandten diese alten Weisheitslehren an. In allen Kulturen wurde die Sonne verehrt, und auch Mutter Erde hatte ihren Platz in den Herzen der Menschen. Sie wurde als Göttin verehrt, als weibliche Kraft, aus der alle Materie geboren wird.

In unserer heutigen hektischen Zeit verdrängen wir gerne dieses alte Wissen, es ist uns teilweise schon zu unbequem, darüber nachzudenken und uns zu fragen: "Wie fühlt sich die Natur mit uns Menschen, was sagt die Erde zu unserem Tun?" Wie wir bereits wissen, sind wir alle miteinander über den großen Computer "der Blume des Lebens" im Inneren unserer Erde vernetzt und verbunden; alles wird darin gespeichert, jeder Gedanke, jedes Gefühl. Da wir als Wesen alle aus der "ALL-Einheit" stammen und alle Wesen ihre individuellen Gefühle haben, kann eine Zusammenarbeit zwischen den Ebenen entstehen.

Die Naturgeister sind ein wichtiges Bindeglied zwischen Himmel und Erde. Sie dienen dem Aufbau und Wachstum auf vielen Ebenen und sind die Träger der Elementarkräfte. Immer wieder versuchen die Elementarwesen aus den Naturreichen daher, die Eingriffe des Menschen in der Natur zu neutralisieren.

Die vier Elemente Erde – Wasser – Feuer – Luft sind unsere Grundbausteine, Grundprinzipien, auf denen unsere Materie aufbaut. Ein Ungleichgewicht zwischen den Elementen erfahren wir durch Dürre, Stürme und Überschwemmungen. Das Wasserelement spielt schon jetzt eine große Rolle bei den Veränderungen, die wie zur Zeit feststellen können. Durch gezielte Reinigungsarbeit und Klärung unserer Emotionen können wir allerdings vieles wieder ins Lot bringen und aktiv mitwirken am göttlichen Plan.

Auf den nächsten Seiten werden die feinstofflichen Qualitäten der Elemente, die Reiche der Erde, die Qualitäten der Himmelsrichtungen, die feinstofflichen Schwingungen der Planeten und die Sternzeichen erklärt.

12. Ebene – die vier Elemente
(für eine größere Ansicht sehen Sie den kompletten Herzstern auf der 13. Resonanzkarte.)

Die vier Elemente

Die vier Elemente können wir als Grundprinzipien bezeichnen, als Urenergien von allem, was sich in uns und um uns befindet. Diese Urenergien sind für das Leben auf unserer Erde unentbehrlich, es sind, wie schon gesagt, die Grundbausteine, auf denen die gesamte Materie aufbaut.

Die vier Elemente: **Erde, Feuer, Wasser und Luft.**

Diese Energien sind das Potenzial der Kräfte in den seelischen, geistigen und physischen Sphären. So verstanden, entspricht das Feuer der Energie des Willens, die Luft der Energie des Denkens, die Erde der Energie des Stofflichen und das Wasser der Energie des Gefühls.

Da die Elemente überall in der Natur vorkommen, sind ihre Energien in allen Lebewesen vorhanden, denn die äußere Welt spiegelt sich in ihnen wider. Mit dem ersten Atemzug nach seiner Geburt tritt der Mensch somit in ein Energiefeld ein, dessen Wirkung ihn sein ganzes Leben lang beeinflusst.

In unserer westlichen Tradition werden diese Elemente auch durch die vier geflügelten Wesenheiten symbolisiert, die für die erbauenden Kräfte unseres Systems und des Planeten Erde stehen:

- Stier = Erde
- Löwe = Feuer
- Engel = Wasser
- Adler = Luft

Erde – Materie = Formebene, Aspekt des menschlichen Körpers = physischer Körper (weiblich/Yin)
Das Element Erde repräsentiert die Kräfte der Verwirklichung in die physische Form, die Prozesse der Materialisierung und die Qualität der Erdung. Es stabilisiert uns Menschen, verlangsamt, festigt und bindet uns. Das Erdelement steht für unseren menschlichen Kör-

per mit seinen Sinnen und allem, was die Bedürfnisse des materiellen Körpers befriedigt.

Feuer – Wille = Kraftebene, Aspekt des menschlichen Körpers = Ätherkörper (männlich/Yang)

Das Element Feuer steht für die lebensspendenden Kräfte, die den Eigenschaften des Feuers entsprechen, den Sonnenstrahlen, den Quellen der Wärme und des Lichtes. Das Feuerelement weitet das Herz, verbreitet Wärme, Optimismus und Begeisterung – wie die Sonne und das Feuer selbst.

Wasser – Gefühle = Gefühlsebene, Aspekt des menschlichen Körpers = Emotionalkörper (weiblich/Yin)

Das Element Wasser symbolisiert die gefühlsmäßigen Kräfte, die Prozesse der Tätigkeit, die Qualität der Anziehungskraft und der Tiefe. Zum Wasserelement gehört auch das Sehnen, die Sehnsucht nach dem Unbekannten, das Suchen und Tasten in entfernte Sphären. Auch die Fantasie, Inspiration und künstlerische Fähigkeiten gehören zum Wasserelement.

Luft – Denken = Geistebene, Aspekt des menschlichen Körpers = Mentalkörper (männlich/Yang)

Das Element Luft repräsentiert Beweglichkeit, Leichtigkeit und will sich ausdehnen. Es stellt die geistig-seelische Dimension dar und verankert Impulse und Inspirationen aus der geistigen Welt auf unserer Ebene des mehrdimensionalen Raumes.

In der Spannung zwischen den Gegensätzen und dem Streben nach Gleichgewicht innerhalb verschiedener Strukturen ist die kreative Phase des Lebens begründet. Die kreativen Impulse schöpfen ihre Dynamik aus der Spannung zwischen den Yin- und Yang-Polen.

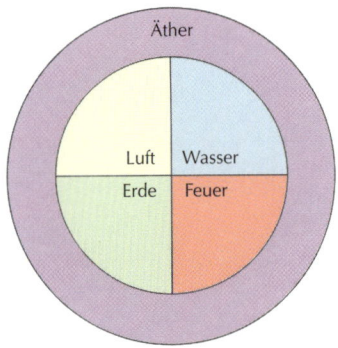

Der Tempel von Meister Lemuel liegt im Berg Kosciusco im Süden Australiens. Die Farbstrahlen dieses Tempels beinhalten alle Frequenzen der Farbspektren der Schöpfungen Gottes. Geomantisch gesehen ist hier das Herzchakra für die Erde.

Das fünfte Element, der Äther

Der Äther ist das göttliche Licht, das durch alles strömt. Er ist die feine Substanz, aus der sich alles aufbaut. Neben den Erscheinungsformen der Elemente Erde, Feuer, Wasser und Luft gibt es jeweils das ätherische Doppel. Die ätherischen Formen der Elemente bilden die Blaupausen, die Urmatrix, nach der die stofflichen Entsprechungen angelegt sind. In den irdischen Regionen finden wir die Innen- und Außenwelten und viele hilfreiche Wesen. In den unteren Welten finden wir die Welten der Wandlung und Reinigung. Die astralen Welten sind eine unvollkommene Kopie der vollkommenen Lichtreiche, die auf höheren Ebenen existieren; im Äther gibt es viele Ebenen und Dimensionen in den unterschiedlichsten Schwingungs- und Energiebereichen.

Wir Menschen sind durch unseren Geist fähig, die höchsten Stufen zu erreichen, aber wir können auch in den niedrigsten Ebenen und Welten umherirren. Menschen, welche die höchste Stufe der Entfaltung auf der Erde verwirklicht haben, wirken von den Lichtreichen der anderen Dimensionen aus zusammen mit den Engeln, Natur- und Elementarwesen als Meister und Meisterinnen.

Meister LEMUEL hat mir hierzu auch eine Botschaft gegeben:
"Mir ist die Natur- und Elementarwelt unterstellt. In meiner Hierarchie sind viele Naturwesen, Engel, Devas aus den Elementen, die euch Menschen und dem göttlichen Plan dienen. Alles, was wir tun, befindet sich im Einklang mit allen kosmischen Daseinsformen. Zur Zeit gehen wir durch einen großen Prozess der Veränderungen, die mit den neuen Energien einhergehen. So unterstützen wir zur Zeit viele Lebensbereiche, auch wenn dies nicht so scheinen mag. Die Natur ist euch keinesfalls feindlich gesinnt, denn was es hier auf unseren Ebenen alles zu bearbeiten gilt, ist unerschöpflich. Wir könnten die Unterstützung noch vieler, vieler Menschen gebrauchen, um der Erde bei ihrer großartigen Arbeit zu helfen. Wir spüren natürlich auch die Angst und Sorge, die auf eurer Erde herrscht, doch leider ist bei vielen Menschen das Wissen um die Wahrhaftigkeit allen Lebens immer noch im unbewussten Bereich verschlossen.

Wir sehen hier durch dich so viele Möglichkeiten, immer mehr Menschen für das Licht zu öffnen. Und wenn ich sage 'Licht', so verstehst du, dass dieses Licht in den unterschiedlichsten Facetten auf eure Erde strahlt und ein jeder Funke oder Strahl eine Eigenschaft besitzt und seine bestimmte Aufgabe hat im großen Plan der Schöpfungen aller Zeiten. Es ist einfach wunderbar, diese Schönheiten eines jeden Augenblickes im pulsierenden Licht zu sehen, um zu erkennen, was daraus entsteht, wie es sich erweitert, windet und explosionsartig die Erde erreicht. Und andererseits, wie sich die Natur entsprechend regt, bewegt, fühlt und atmet. Die Natur, die Tiere und alles um euch herum empfindet diese göttliche Ordnung und ist in sie eingebunden. Warum könnt ihr es kaum noch fühlen?

So freuen wir uns über deine vielfältigen Möglichkeiten, die Aufmerksamkeit auf diese Ordnung zu lenken. Wir sehen auch, wie du langsam, aber sicher deinem Kokon entschlüpfst und zu einem Falter wirst, der mit weiten Schwingen im funkelnden Licht der elementaren Welt seine Arbeit verrichtet. Du bist ein Teil davon, aus allen Elementen zusammengesetzt, und bist und bleibst ewig im ICH BIN der göttlichen Einheit.

ICH BIN LEMUEL, der die Liebe zu allen Erscheinungsformen der Naturwelt verkörpert. Mir sind alle Bereiche unterstellt, die zu aufbauenden Zwecken für die Erde da sind. Ich bin ein Wächter Edens, und deshalb bin ich heute zu dir gekommen, damit deine Liebe verbindend wirkt in dieser Welt."

12. Ebene – die Reiche der Erde
(für eine größere Ansicht sehen Sie den kompletten Herzstern auf der 13. Resonanzkarte.)

Die Reiche der Erde und die Wesen der Natur

Das Stein- und Mineralreich

Die Erde besteht, wie schon beschrieben, aus fünf Elementen (Erde, Feuer, Wasser, Luft und Äther), aus denen u. a. allmählich die Felsen, Steine, Edelsteine und Spurenelemente entstanden. Hier auf dieser Ebene begegnen wir dem Ursprung, den Engeln der Naturreiche und den Elementarwesen, welche die Aufgabe haben, aus den Urelementen die Ursubstanz aufzubauen, die alle Reiche und Elemente nährt. Es ist die Grundlage, aus der wirklich alles Leben geschaffen ist. Hier kristallisieren sich die Energien zu den herrlichsten Formen, erschaffen sich die prachtvollsten Farben, Klänge, Strahlungen und Symbole. In vielen Steinen und Felsen wohnen Feen, Elfen, Zwerge, Gnome sowie ganze Völker der unterschiedlichsten Wesen. Sie alle hüten die kosmische Kraft der Erde und bringen sie auf die wundervollste Weise in die Materie. Sie hüten und versorgen die heiligen Plätze und Tempel von Mutter Erde. Über den so genannten Plätzen der Kraft, wie z. B. Edelsteinhöhlen, Goldadern und über besonderem mineralischem Gestein, sind im Ätherreich mächtige Lichtbrennpunkte und Lichttempel verankert, die mit ihrer Energie von unten nach oben und umgekehrt wirken. Solche Kraftplätze auf der Erde können Energien machtvoll konzentrieren.

Die Schätze der Erde aus dem Mineralreich sind ein sichtbarer Ausdruck ihrer höheren Natur. Steine, Mineralien und Juwelen verstärken die Kraft und bringen z. B. Glück, Schutz, Frieden, Veredelung und Weisheit. Je nachdem, wie wir Menschen diese Kräfte nutzen und lenken, können wir damit Segen oder großes Unheil anrichten.

Erz- und Metallreich

Das Stein- und Mineralreich ist eng mit dem Erd- und Metallreich verwoben. Hier finden sich die verschiedensten Erze, wie z. B. Gold, Silber, Eisen, Nickel usw., aber auch Uran und Erdöl (schwarzes Gold). Dieses Reich der Erde steht für den Menschen in Verbindung mit Macht und dem Gesetz von Ursache und Wirkung. Es ist das Reich der Prüfung und der Einweihung in die tiefen Erkenntnisse.

Das Wesen der Metalle ist neutral. Es passt sich der Energie an, die es leitet. Es kann daher Gier, Hass, Neid, Macht und Missgunst oder Edelmut, Großzügigkeit, Fülle, Heilung und Gleichgewicht erzeugen. Zu den Wesen dieses Reiches gehören: Zwerge aller Art, Schwarzalben, Dunkelelfen, Feen usw. Dieses mächtige Reich liegt tief unter der Erdoberfläche und wird von Wesen der Natur gehütet, die fernab vom Menschenreich leben.

Das Pflanzenreich

Das Reich der Pflanzen ist ein mächtiges Reich voller Schönheit, Zartheit, Farben und voller Intelligenz. Die Vielfalt des Pflanzenreiches verbindet uns mit dem Göttlichen. Hier finden wir herrliche Naturtempel und Kathedralen der Schöpfung; es ist die Lunge unserer Erde.

Im Pflanzenreich findet der Austausch von Energien statt, es existiert ober- und unterirdisch und ist tief in der Erde verwurzelt. Das Pflanzenreich baut die Aura, das Energiefeld einer Landschaft auf und macht die wirkenden Kräfte hierin sichtbar. Wenn wir eine Landschaft also genau betrachten, können wir erkennen, wie die Energiebahnen verlaufen, ob genügend Energie vorhanden oder ob sie geschwächt ist. Oftmals bilden Bäume die Tore und Eingänge in andere Welten.

Die Wesen, die mit dem Pflanzenreich in Verbindung stehen, sind vielfältig. Die Bäume beispielsweise zählen zu den ältesten Wesen der Erde. Hier finden wir auch Engel, d. h. Landschaftsengel und Devas der Landschaften, Landstriche und Orte. Diese Energien halten die Lichtsubstanz und den Plan einer Landschaft sowie der Pflanzen aufrecht. Sie sind sozusagen die Architekten, die in der Landschaft den Bauplan entwerfen und hüten. Des Weiteren gibt es Elfen und Feen, deren Energien die Pflanzen beleben. In größeren Pflanzen und Bäumen finden sich noch weitere Wesen. Hier findet man Faune, Nymphen und Feen größerer Ordnungen, welche die Lichtströmungen leiten. Als Oberhaupt zählt der Pan, als Gott der Natur, zu den Wesen der Natur.

An Plätzen, wo gegen das göttliche Gesetz der Harmonie und Liebe verstoßen wurde, an missbrauchten Plätzen, können sich auch unerlöste Wesen aufhalten.

Fühlübung:
Gehen Sie in die Natur, und suchen Sie sich ein Objekt aus, einen markanten Baum, einen Strauch, etwas, das Ihnen gefällt. Gehen Sie mit Ihrem Gefühl in Ihren Herzraum, und nehmen Sie Verbindung zu dem Gegenstand auf. Achten Sie dabei auf Ihre Gefühle. Konzentrieren Sie sich zum Beispiel auf den Baum, und stellen Sie sich vor, wie seine Blätter rauschen, und betrachten Sie dabei seine Krone. Stellen Sie sich vor, dass Sie ein Teil dieser Krone sind und von oben herab auf die Landschaft schauen. Fühlen Sie sich eins mit diesem Baum! So sind Sie ein Teil von ihm.
Gefühle der Freude zeigen Ihnen an, dass die Verbindung hergestellt ist.

Das Tierreich

Tiere sind die Boten des Göttlichen, und das Tierreich ist ein weiterer Beweis für die Herrlichkeit Gottes in ihren vielschichtigen Ausdrucksformen. Es verkörpert die Kräfte, Triebe und Instinkte und zeigt uns eine höhere Entfaltungsebene. Tiere sind auch Ausdrucksformen bestimmter Gegenden, Landschaften und der dort herrschenden Energie. Sie haben genauso wie wir Menschen eine Seele, die mit ihrer Gruppenseele verbunden ist. Jedes Tier hat dabei eine andere Kraft: Manche sind wie Engel, andere wie Kobolde, und einige von ihnen sind weise Tiere, die uns etwas lehren.

Auch Tiere entwickeln sich weiter, sie bringen uns Kraft und Licht und unterstützen uns auf unserem Weg, das eigene wahre Licht weiterzuentwickeln.

Durch die Tiere wirken alle Kräfte des Kosmos.

Auch die Naturreiche und die kosmischen Reiche sind mit den Tierwelten eng verwoben. So zeigen sich Elementar- oder Naturwesen der Orte gern in Tiergestalt, und durch Tiere wirken viele Arten der Naturwesen.

Das Reich der Naturwesen

In den natürlichen Landschaften, die sich über die ganze Erde spannen, befindet sich das Reich der Naturwesen. Es ist ein Königreich, das zwischen den Welten und jenseits der Zeit parallel neben der Welt der Menschen existiert. Die Naturgeister sind überall und nirgendwo.

So gibt es überall auf der Welt große Naturwesenbrennpunkte, wie z. B. in Australien, Alaska, Island oder in den Regionen der großen Lichttempel, von denen die Wesen gelenkt und angeleitet werden. Die Aufgaben dieser Wesen sind vielfältig; sie beleben und erneuern beispielsweise die Kräfte der Jahreszeiten und der Natur. Naturgeister nehmen aber auch die Kräfte des Kosmos auf, verarbeiten sie und leiten so die erdmagnetischen Gitternetze und Strömungen. Doch auch Gedanken, Gefühle und Düfte werden gelenkt, und die Naturgeister beleben die Seele von Mutter Erde. Seit Anbeginn der Zeit arbeiteten sie mit den Menschen zusammen, doch

Ein Elementarwesen, mit dem ich in Kontakt kam und das ich mit geschlossenen Augen gezeichnet habe.

leider haben wir es verlernt, diese wundervollen Wesen in unsere Aufgaben einzubeziehen.

Naturwesen bestehen aus einer höheren, feinstofflicheren Energie als wir Menschen. Sie haben keinen festen Körper, können sich jedoch in einer dichteren Form zeigen, wobei sie jede Gestalt annehmen können. Dennoch verhalten sie sich wie wir Menschen und gleichen uns mehr als den Tieren.

Das Reich der Menschen

Der Bereich der Naturwesen und das Reich der Menschen sind eng miteinander verbunden, da die Kräfte der Naturwesen uns auf unserem Lebensweg begleiten und unsere Natur und deren Entwicklung unterstützen; auf unserem Entwicklungsweg sind die kosmischen Wesen und die Naturwesen eine besondere Hilfe. Jeder von uns hat genau diesen Planeten, dieses Leben, diese Umstände, diesen Ort und diese Zeit gewählt, weil dies seinem Entwicklungsstand entspricht. Die Erfahrungen treiben uns voran, sie zeigen uns die Stellen, an denen wir noch zu arbeiten haben, und die Aufgaben, die in unserem Leben zu erfüllen sind. Alles ist bereits als Blaupause in uns enthalten.

Wir Menschen bestehen aus den fünf Elementen. Der Äther ist unsere Gesamtenergie, unsere Ausstrahlung, Luft ist unser Geist, unsere Gedankenkräfte, Wasser unser Fühlen, unsere Empfindungen, Erde ist unser Körper und Feuer ist unser Wille und unsere Kraft zum Handeln. Wir sind mehr als unser Körper: Wir sind Energie, die multidimensional ist. Das heißt, wir bewegen uns auf vielen Ebenen gleichzeitig.

Wenn uns dies bewusst wird, können wir uns mit den Wesen aller Ebenen verbinden und uns in unbekannte Gefilde erheben. Oft geschieht diese Bewusstwerdung aber erst durch Schicksalsschläge, Krankheit oder Ähnliches.

Wenn wir uns in unserem Inneren verändern, verändert sich die Welt in unserem Außen. Mit Hilfe der Elementarwesen können wir die Elemente in uns kennen lernen, sie heilen und neu ausrichten. Auch in der Natur selbst können sie uns ein guter Ratgeber sein – für Fragen zum Garten, Haus und Hof, Fragen zum Körper und zu Krankheiten, im Grunde für alle Fragen, die mit der Materie zu tun haben.

Wir alle sind auf der Erde, um im neuen Jahrtausend Himmel und Erde miteinander zu vereinen. Und dafür brauchen wir die Kräfte des Himmels und der Erde. Nur so kommen wir in unsere Mitte.

Die Meisterinnen und Meister der kosmischen Strahlen und der Großen Weißen Bruderschaft sind uns mit ihrem Beispiel vorausgegangen. Auch sie wurden von den Naturwesen unterrichtet, von Engeln angeleitet und von beiden geprüft, bis sie diese Materie verstanden und beherrschten.

Die vier Elemente und ihre Zuordnung zu den Himmelsrichtungen

Die Bedeutung der Himmelsrichtungen und deren Auslegung kann unter verschiedenen Aspekten erfolgen. Im Geomantiekreis ist der Tagesverlauf und die Beziehung zu den Himmelsrichtungen abgebildet. Das Wesentliche ist hier wieder, dass die Zeitqualität die Raumqualität bestimmt. In der Mitte ist die Zuordnung der vier Elemente zu den Himmelsrichtungen abgebildet.

Die Himmelsrichtungen haben unterschiedliche Energien und wirken sehr verschieden auf den Körper des Menschen. Neben den zwei Hauptrichtungen Ost – West und Nord – Süd sind die Zwischenrichtungen und ihre besonderen Wirkungen zu berücksichtigen. Die Zwischenrichtungen, z. B. Nordost, stellen besonders anregende Kräfte dar.

Die Bedeutung des Ostens spiegelt sich beispielsweise auch in der Ausrichtung christlicher Kirchen wider, sie spiegelt die Hoffnung, an jedem Morgen neu geboren zu werden. So wurden auch früher alte Tempelstätten nach Osten ausgerichtet – und zwar so, dass die Sonnenstrahlen in der Tempelachse lagen, wenn der Festtag der Gottheit gekommen war.

Norden:

Element Erde: Materie, Kräfte der Erdung und Verwirklichung
Winter, Kühle, Verkörperung der Materie, Gleichmaß des Lichtes
Der Norden verkörpert die Materie, er ist der Gegenpol zum Geist (Süden). Der Norden ist die Summe unserer Möglichkeiten. Hier spiegelt sich, wie wir unsere Wünsche in die Materie bringen können.

Unser Denken hat hier seinen Platz und fußt auf den zuvor im Nordwesten geschaffenen (scheinbaren) Urgesetzen. Als Platz, der unsere Träume Wirklichkeit werden lässt, steht er auch umgekehrt für unsere Tagträume, also für die bewusst gewordenen Wünsche und Hoffnungen.

Orientierung: Weihnachtsfest (Geburt des Lichtes und neuer Ideen)

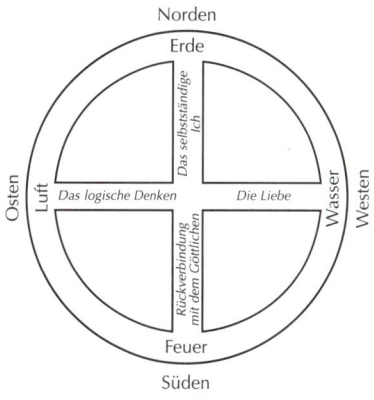

Hinweis:
Die Himmelsrichtungen sind hier wie im großen Herzstern dargestellt.

Da die Sternzeichen und Planeten gegen den Uhrzeigersinn um die Erde kreisen, also linksläufig sind, habe ich dementsprechend die Himmelsrichtungen in allen Zeichnungen analog eingezeichnet, obwohl diese verdreht erscheinen.

Nordosten:

Elemente Erde und Luft: denken, erfinden, planen, organisieren

Der Nordosten lässt erstarrte Denkmuster wieder lebendig werden. Er ist der Platz des Wandels. Der Nordosten steht somit für Kreativität, für die Bereitschaft, etwas Neues zu schaffen und in die Materie zu bringen. Er steht auch für das Soziale. Die gewonnene Freiheit, die wir durch unsere Kreativität bekommen haben, befähigt uns, auf andere zuzugehen und nicht nur an uns zu denken.

Orientierung: Maria Lichtmess (neues Licht am Horizont)

Osten:

Element Luft: Denken, Beweglichkeit, Leichtigkeit

Tag-und-Nacht-Gleiche, Aufgang des Lichtes, Beginn, Kraft gebend

Der Osten spiegelt unseren Intellekt, unseren Verstand wider, unser Denken hat hier seinen Platz, und es fußt natürlich auf den zuvor (im Nordosten) geschaffenen Weltbildern und (scheinbaren) Urgesetzen. Der Osten steht für Neuanfang, Dynamik, Aufbruch und den Blick nach außen. Der Osten ist die Zeit des Frühlings, in der die Kräfte des Samens noch am Anfang stehen. Der Osten stellt mit der Vernunft den Gegenpol zum Westen, zu unserer Emotion, dar. Erwachsensein heißt, vernünftig sein zu müssen, und der Osten liegt daher dem inneren Kind gegenüber. Er repräsentiert den Erwachsenen in uns. Ist der Norden übrigens zu schwach, so geht dies meist mit einer Weigerung einher, erwachsen zu werden.

Der Osten steht ferner auch für unsere Vergangenheit, für Vorfahren, Lehrer und Wegbegleiter.

Orientierung: Osterfest (Auferstehung des Frühlings im neuen Licht)

Südosten:

Elemente Luft und Feuer: Der Südosten steht für das Sammeln und Bewahren der Kräfte, für Sinnlichkeit und Liebeskunst

Es ist die Zeit des Genießens, in der man sich an der Natur, an allem Betastbaren und Sinnlichen erfreut, dies gehört zum Mai-Thema. Alles blüht, riecht und ist wundervoll, es ist die Zeit der Liebe. Hier zeigt sich, ob wir sinnlich und genießerisch sind, oder ob wir nur an die äußeren Gesetzmäßigkeiten und Strukturen glauben. Es ist die Zeit der Prüfung, ob wir Kenntnisse von den kosmischen Gesetzen besitzen – oder gegen sie arbeiten. In dieser Zeit sollten wir prüfen, ob unsere Einstellungen zu stark fixiert sind und wir somit keine Veränderungen mehr zulassen.

Der Südosten steht auch für Reichtum, Segen und Formveränderung, wenn wir dies zulassen.

Orientierung: 1. Mai / Wesak-Fest

Süden:

Element Feuer: Wille, Kraft, Begeisterung

Sommer, Feuer, Hitze und Licht, Wachstum der Pflanzen

Der Süden repräsentiert den Gegenpol zur Materie (Norden), den Geist und unsere Auseinandersetzung mit Fantasie und Spiritualität. Der Raum ist mit Geist erfüllt – dies ist jedoch nicht zu verwechseln mit dem Verstand. Vielmehr geht es hier um den inneren Sinn, den Spirit einer Unternehmung. Nach den Wandlungskräften des Südostens sind wir hier befähigt, die neuen Kräfte des Geistes aufzunehmen. Der Süden spiegelt uns unseren Willen, Beweglichkeit, Zielgerichtetheit, Selbstsicherheit, Begeisterung und Optimismus. Der Süden wird auch "Kinder-Geist-Schild" genannt; er ist der Platz des gegengeschlechtlichen inneren Kindes – also für die Frau der kleine Junge und für den Mann das kleine Mädchen.

Der Süden steht auch für soziale Anerkennung, Ruhm und Bekanntheit.

Orientierung: Sommersonnenwende (Johannisfest, höchster Sonnenstand, die Kraft der Erde dehnt sich aus)

Südwesten:

Elemente Feuer und Wasser: Zeit, um für den Winter vorzusorgen, die Ernte einzubringen, Vorräte anzulegen

Der Südwesten spiegelt unser Selbstkonzept, das, was wir von uns halten, die Selbstannahme, die Selbstliebe, unsere Selbstachtung und Würde wider. Krankheit ist die Weigerung, uns so zu sehen, wie wir sind, die Annahme unseres eigenen Selbst aber verheißt Heilung. Teile unseres eigenen Selbst sind aber auch unsere familiären Wurzeln, daher werden auch Beziehungen, Partnerschaft und Kommunikation dem Südwesten zugeordnet. Der Südwesten steht ferner auch für eine gesunde Ernährung, Gesundheitspflege und für das Dienen und Helfen.

Orientierung: Maria Himmelfahrt

Westen:

Element Wasser: das Emotionale, unsere Gefühle, Lebensfreude
Herbst, Tag-und-Nacht-Gleiche, Wasser, Minerale, Erntezeit

Der Westen repräsentiert unsere Kindheit und stellt damit unsere emotionalen Urerfahrungen, den Mythos dar. Der Westen ist nicht nur unser Gefühl, sondern die Art von Gefühlen, die unseren eigenen Mythos fundamental prägen und damit der Kern unserer Lebensfreude sind. Der Westen ist die Summe unserer Möglichkeiten. Hier spiegelt sich, wie wir unsere Wünsche in die Materie bringen. Er verkörpert den Platz, wo unsere Träume Wirklichkeit werden können und steht auch für unsere Tragträume, also für die bewusst gewordenen Wünsche und Hoffnungen. Der Westen ist der Gegenpol zum Geist (Osten). Marienkapellen werden oft nach Westen weisend gebaut.

Orientierung: Michaelisfest (geschützter Rücken)

Nordwesten:

Elemente Wasser und Erde: Gefühle und die Kräfte der Verwirklichung

Im Nordwesten deuten sich Gesetzmäßigkeiten an, nach denen unsere Wünsche sich in der Materie zeigen oder sich realisieren lassen.

Es ist der diffuse Mythos, der Zusammenhang von Bild und Emotion, die unbenennbare Erfahrung, die Welt der individuellen Symbole. Zugleich steht der Nord-Westen für den Traum, der der Spiegel des Unbewussten ist. Es ist die Auseinandersetzung mit den Spielregeln unseres Lebens. Der Nordwesten steht für schöpferische

Prozesse und Veränderungen, für hilfreiche Freunde und unsere Beziehung zum Kosmos.

Orientierung: Allerheiligen / Allerseelen (Rückverbindung)

Durchsage: Ich bin der Baum, der vor deinem Fenster steht

"Ich bin der Baum, der vor deinem Fenster steht und mit dem du heute Kontakt aufgenommen hast. Seit Jahren stehe ich hier nun, fest verwurzelt mit der Erde, und recke und strecke meine Äste dem Licht entgegen. Hier an diesem Platz habe ich meine Aufgabe, und hier fühle ich mich wohl, obwohl ihr doch jährlich meine schönen Kleider stutzt. Aber ich verstehe eure Sorge über die Größe der Auswüchse, die euch Sorgen machen.

Wie du weißt, haben wir Bäume sehr viele Aufgaben auf eurer Erde. Denn wir sind einerseits fest verwurzelt in der Erde, und gleichzeitig sind unsere Kronen die Transformatoren für die Lichtsubstanzen, ähnlich wie ihr spirituellen Menschen diese Aufgabe übernommen habt. Des Weiteren sind wir Energieträger, oder besser gesagt: die energetischen Unterstützer für alle feinstofflichen Wesen der Natur, die sich nur dann inkarnieren können, wenn wir als energetische Stütze dienen.

Deshalb ist es für die Menschheit sehr wichtig, die Dinge auch einmal aus unserer Sicht von einer anderen Warte aus zu betrachten. Zum einen sind wir lebende Wesen, die dem göttlichen Licht und der Erde mit ihrer Flora und Fauna dienen. Zum anderen sind wir Träger unterschiedlichster, feinstofflicher Energien der verschiedenen Elemente, bis hin zu den großen Devas, den Landschaftsengeln, die große Landschaftsräume mit ihrer Energie versorgen, abgesehen einmal vom Sauerstoff und der Fotosynthese, die euch Menschen erst leben lassen auf eurer doch so wunderbaren Erde.

Wenn ihr das doch alles besser verstehen und begreifen könntet, würde viel, viel Heilung für alle Menschen, für die Wesen der Natur und für die Tiere geschehen.

Denkt daran, wenn ihr in die Natur geht und euch vielleicht etwas mehr Gedanken über die Schöpfungen Gottes macht; wir sind die Hüter der verschiedenen Welten, der Räume von sichtbaren und unsichtbaren Ebenen, wir stellen die Verbindung zwischen Himmel und Erde her!

So danke ich dir für die Zeit, die du mir heute geschenkt hast, für dein Vertrauen auf die Worte, die du jetzt geschrieben hast. Doch viel wird sich in der kommenden Zeit verändern. Und wenn ihr Menschen annehmen könnt, dass wir des Menschen Hüter und Wächter sind, wird sich die Einstellung zur Natur zum Positiven hin verändern.

Ich danke auch dir, der du dies liest, und ich bin in Liebe mit allem verbunden.

Ich bin der Baum, der vor deinem Fenster steht."

Planetenkräfte und ihre Einwirkung auf die Chakren

Die Astrologie ist ein jahrtausendealtes, ganzheitliches System; die frühesten Aufzeichnungen über Astronomie und Astrologie gehen auf die ältesten Kulturen menschlicher Zivilisationen zurück. Das astrologische Verständnis vom Leben beruht auf dem Wissen, dass alle Dinge des Universums miteinander verbunden sind. Alles Existierende ist nach gleichen Gesetzmäßigkeiten und Prinzipien aufgebaut. Der Kosmos ist das größte System, das wir kennen, und es beinhaltet viele andere, kleinere. Betrachtet man zum Beispiel das Atom als Grundbaustein der Materie, so erkennen wir, dass auch wir ein Teil dieses Systems sind. Jede Veränderung im Universum bedeutet daher eine weitere in all seinen Systemen, auch auf der Erde – und somit in uns. Umgekehrt beeinflussen unsere eigene Entwicklung und unser Tun wiederum das Ganze. Folglich können wir durch unsere Taten und durch unser Denken die Welt verändern. Das Leben jedes einzelnen Menschen mit seiner Persönlichkeit spiegelt sich im Lauf der Gestirne und Geschehnisse im Universum und in den Gitternetzen der Erde wider.

Die Beziehungen zwischen unserem seelisch-geistigen Leben und dem Universum können wir nicht mit logischen Methoden erfassen. Um dies zu veranschaulichen, drückt sich die Astrologie in Symbolen und Analogien aus.

Die Planeten bringen ihre Prinzipien in unser Leben. Wenn die Planetenkräfte von der Sonne angestrahlt werden, gehen diese durch ihre eigenen Charaktere und durch die Tierkreiszeichen mit uns Menschen in Resonanz und wirken somit auf uns ein.

Die Planeten bewegen sich gegen den Uhrzeigersinn. (*Dies erklärt auch, warum im Herzstern die Himmelsrichtungen anders dargestellt sind.*)

Jedes Zeichen stellt andere Mittel bereit: Merkur geht auf die verschiedenen Arten des Denkens ein, Venus bezieht sich auf die Liebe in unterschiedlichster Art und Weise und Mars als Kämpfer hat ein jedes Mal andere Waffen, um sich zu behaupten.

13. + 14. Ebene
Planeten und Sternzeichen
(für eine größere Ansicht sehen Sie den kompletten Herzstern auf der 13. Resonanzkarte.)

Durch die Planeten werden die Energien der Erzengel auf unsere Ebene transformiert. Bitte beachten Sie hierzu das Kapitel »Farbstrahlen durchfluten unser Sein«. Dort sind die zwölf Jahrestempel erwähnt, die in den Sternzeichen liegen, von denen die Hauptstrahlen ausgehen.

Manche Tierkreiszeichen sind in ihrer Grundnatur mit dem Prinzip der Planetenkraft verwandt. Ist dies der Fall, nennen wir den Planeten "Herrscher" oder "Regent" in diesen Zeichen. Doch auch in anderen Zeichen setzt die Planetenkraft ihr Prinzip durch.

MOND: Gefühlswelt
Unbewusstes, Launenhaftigkeit, Wasser, Emotionen, Mütterlichkeit, Intuition, empfangendes Urprinzip, persönliche Wahrnehmung
Metall: Silber
Farben: silber, milchweiß, hellgelb
Chakra: Milzchakra, orange
Körper: Flüssigkeitshaushalt, Drüsen, Magen, Fortpflanzungsorgane

MARS: Durchsetzung, Männlichkeit
Tatkraft, Aggression, Energie, Durchsetzungsvermögen, Kreativität, Triebnatur, Erregung, Initiative
Metall: Eisen
Farbe: rot
Chakra: Wurzelchakra, rot
Körper: Galle, männliche Geschlechtsorgane

PLUTO: Die höhere Oktave des Mars
Unbewusstes, Triebhaftigkeit, Schatten, Umwandlung, kollektives Unbewusstes, Vorstellungsbilder, Ängste, Ahnen, Opfer, Rituale, das Kollektive, Charisma, Demagogie, Tod
Farbe: unsichtbar bis rosa
Chakra: Scheitelchakra, violett
Körper: Regeneration, Ausscheidungs- und Geschlechtsorgane

MERKUR: Verstand
Bote, Kommunikation, Vermittler, Sprache, Intellekt, Koordination, Geschicklichkeit, Bewegung
Metall: Quecksilber
Farbe: gelb, sand
Chakra: Halschakra, blau
Körper: Nerven, Sprech- und Atmungsorgane

URANUS: Die höhere Oktave des Merkur
Exzentrizität, Revolution, Radikalität, Gegenkurs zum Bestehenden, Originalität, Technik, Kreativität, Reform, "spirituelle Sonne", höheres Bewusstsein
Metall: Zink
Farbe: pink, bunt, schillernd
Chakra: Scheitelchakra, violett
Körper: Nervensystem

JUPITER: Ausdehnung, Sinnfindung
Leistung, Sieg, großes Glück, Vereinigung, Erweiterung, Ausdehnung, Philosophie, moralische Grundsätze, Weltanschauung, Autorität, Macht, Selbstherrlichkeit, Toleranz, Großzügigkeit, Gericht, das Gewonnene
Metall: Zinn
Farbe: purpur, violett
Chakra: Drittes Auge, indigo
Körper: Leber, Galle, Verdauungsorgane, Blut, Fettgewebe

VENUS: Beziehungsfähigkeit, Weiblichkeit
Schönheit, Harmonie, Hingabe, Beziehung, Liebesbeziehungen, Gleichgewicht, Ästhetik, Friede, Kunst
Metall: Kupfer
Farben: schneeweiß und rosa
Chakra: Solarplexus, sonnengelb
Körper: Nieren, Drüsen, weibliche Organe

163

NEPTUN: Die höhere Oktave der Venus

Transzendenz, Vernebelung, Sucht, Selbsttäuschung, Illusion, Mystik, Religion, Vergiftung, Reinigung, Auflösung des Vordergründigen, Spiritualität, Magie, Intuition, Hellsichtigkeit

Metall: Aluminium

Farbe: blau, pastellig

Chakra: Scheitelchakra, violett

Körper: Zirbeldrüse, Infektionen, Gifte

SATURN: Grenzen, Prüfungen

erdhaft, materialistisch, hemmend, Schritt für Schritt, Schwellenhüter, Struktur und Form, Grenzen, Festigkeit, Stabilität, das Erarbeitete, Leiden, Treue, Beständigkeit, Konzentration

Metall: Blei

Farbe: indigo

Chakra: Scheitelchakra, violett

Körper: Knochensystem, Gelenke, Zähne, Haut

SONNE: Wesenskern, übertragen auf die menschliche Ebene steht das Symbol der Sonne für das Zentrum der Persönlichkeit, das Lichtwesen des Menschen

(Tages-) Bewusstsein, Licht, Wärme, Zeit und Raum, aktive Urenergie, Vitalität, Persönlichkeit, Macht, Autorität, Feuer, der Herrscher

Metall: Gold

Farbe: gold, orangerot

Chakra: Herzchakra, grün

Körper: Herz, Kreislauf

Der Tierkreis und die Planetenkräfte in jedem Zeichen

Der Tierkreis markiert die zwölf Zeitabschnitte des Jahres, in denen die Sonne von der Erde aus gesehen jeweils 1/12 des gesamten Kreises zurücklegt. Im Jahresverlauf und somit in der Abfolge der Tierkreiszeichen spiegeln sich die ewigen Kreisläufe von Werden und Vergehen, denen unser Leben unterworfen ist.

So stellt der Tierkreis mit seinen zwölf Zeichen vor allem auch die zwölf Phasen einer Entwicklung dar: von der Geburt über den Tod und die Vergeistigung des Materiellen hin zu einer neuen Geburt. Der Tierkreis ist für sich allein als symbolische Darstellung einer umfassenden Wahrheit zu verstehen; er symbolisiert die Gesetzmäßigkeiten des Lebens in all seinen Erscheinungsformen. Er dient der Überlieferung eines alten Wissens um die größeren Zusammenhänge zwischen Mensch, Natur und Kosmos. In der Astrologie wird er vor allem für die Deutung des persönlichen Schicksals eines jeden Menschen herangezogen. Jeder steht, entsprechend der Stellung seiner Planeten in den Tierkreiszeichen, an einem bestimmten Punkt in seiner Entwicklung – für sich ganz persönlich sowie als Teil der Menschheit und des gesamten Kosmos.

Der Tierkreis bewegt sich entgegen dem Uhrzeigersinn.

Die zwölffache Unterteilung des Kreises in einzelne "Entwicklungsphasen" ist nicht zufällig gewählt. Die 12 ist eine Zahl mit besonderer Bedeutung, sie entsteht durch die Kombination der vier Elemente Erde, Feuer, Wasser und Luft und der drei Modalitäten kardinal, fix und veränderlich. *(4 x 3 = 12)*

Damit etwas Lebendiges entstehen kann, muss zur materiellen Grundlage der Elemente noch eine schöpferische, geistige Dimension hinzukommen. Wir bezeichnen diese Ebene oder Dimension, wie schon erwähnt, als Äther-Element.

Die **Kardinalzeichen** stehen am Beginn einer Jahreszeit, also an den vier Fixpunkten, den Sonnenwenden und Tag-und-Nacht-Gleichen. Sie haben die Qualität, etwas in Gang zu setzen (zu erschaffen) und

15. – 17. Ebene
(für eine größere Ansicht sehen Sie den kompletten Herzstern auf der 13. Resonanzkarte.)

präsentieren das Prinzip des zielgerichteten Handelns, der Initiative, Aktivität sowie Dynamik.

Kardinalzeichen sind: Widder (Feuer), Krebs (Wasser), Waage (Luft), Steinbock (Erde).

Die **fixen Zeichen** stellen den Höhepunkt der jeweiligen Entwicklung dar. Sie verkörpern Konzentration, Beharrlichkeit und Ausdauer.

Fixe Zeichen sind: Stier (Erde), Löwe (Feuer), Skorpion (Wasser), Wassermann (Luft).

Die **veränderlichen Zeichen** am Ende einer Jahreszeit wirken auflösend und leiten zur nächsten Phase über.

Sie bringen Beweglichkeit, Anpassungsfähigkeit, soziales Bewusstsein und Selbstlosigkeit zum Ausdruck.

Veränderliche Zeichen sind: Zwillinge (Luft), Jungfrau (Erde), Schütze (Feuer), Fische (Wasser).

So besteht der Tierkreis aus den nachfolgend aufgeführten Entsprechungen und den Durchdringungen der vier Elemente. Die 4 (als Grundbaustein für die Materie) und die 3 (das schöpferische Prinzip, Geist) spielen dabei eine tragende Rolle, auch durch die Unterteilung der 4 Jahreszeiten in weitere 3 Abschnitte: Beginn, Höhepunkt und Ende. Die Dreiteilung der einzelnen Tierkreiszeichen wird als Dekaden bezeichnet.

Damit zeigt der Tierkreis, wie sich Entwicklung vollzieht, wenn der schöpferische Geist (3) sich mit der Materie (4) verbindet und dadurch Leben (wie wir es kennen) entsteht.

Nachfolgend sind (nur in Kurzform) die Charaktere der einzelnen Tierkreiszeichen und ihre Wirkung auf den Menschen erklärt. So hat jede Jahreszeit auch eine Funktion und auf der physischen, emotionalen und mentalen Ebene des Menschen eine besondere Bedeutung.

WIDDER: Mensch, geboren werden, Frühling, Osten, Neu-
beginn, Aufstieg, Erwachen, Pionier, Impuls

21.3. bis 20.4.

Element:	Feuer
Energie:	Yang
Herrscher:	Mars / Nebenherrscher: Pluto
Leitsatz:	Ich will (Aufbruch)
Jahreszeit:	Aufbruch der Kräfte im Frühling
Körper:	Kopf, Gesicht, Blut

STIER: Erde, Beständigkeit, Genuss, Sturheit, Gemütlich-
keit, Fruchtbarkeit, Sinnlichkeit, Besitz

21.4. bis 20.5.

Element:	Erde
Energie:	YIN
Herrscher:	Venus
Leitsatz:	Ich gestalte (Festigung)
Jahreszeit:	Die Zeit, in der die Natur ihr schönstes Kleid anzieht und die Pflanzen kräftig werden
Körper:	Hals, Nacken, Mund, Rachen, Speiseröhre, Schultern

ZWILLINGE: Kommunikation, Kontakt, Offenheit, Jugend,
Entscheidung, Wissen, Intellekt

21.5. bis 20.6.

Element:	Luft
Energie:	YANG
Herrscher:	Merkur
Leitsatz:	Ich denke (Entfaltung)
Jahreszeit:	Die Zeit, in der sich der Keimling in Stängel, Blatt und Knospe untergliedert
Körper:	Lunge, Bronchien, Arme und Hände

KREBS: Empfindung, Gefühl, Empfängnis, Ruhe, Be-
fruchtung, Familie

21.6. bis 22.7.

Element:	Wasser
Energie:	YIN
Herrscher:	Mond
Leitsatz:	Ich fühle (Entwicklung)
Jahreszeit:	Die Zeit der Fruchtbildung
Körper:	Magen, weibliche Brust, Drüsen

LÖWE: Vitalität, Dominanz, Reife, Überfluss, Macht,
Stärke, Kraft, Mut, Selbstbewusstsein

23.7. bis 22.8.   Führungsanspruch

Element:	Feuer
Energie:	YANG
Herrscher:	Sonne
Leitsatz:	Ich bin (Schöpferkraft)
Jahreszeit:	Die Zeit der Fruchtreife
Körper:	Herz, Blutkreislauf

JUNGFRAU: praktische Vernunft, Ordnung, Fleiß, Ernte,
Anpassung, Vorrat, Arbeit

23.8. bis 22.9.

Element:	Erde
Energie:	YIN
Herrscher:	Merkur
Leitsatz:	Ich prüfe (Anpassung)
Jahreszeit:	Die Zeit der Ernte
Körper:	Darm, Verdauungstrakt, Stoffwechsel

WAAGE: Ausgleich, Harmonie, Gerechtigkeit, Frieden,
Begegnung, Schönheit, Ästhetik

23.9. bis 22.10.

Element:	Luft
Energie:	YANG
Herrscher:	Venus
Leitsatz:	Ich wäge ab (Ausgleich)
Jahreszeit:	Tag-und-Nacht-Gleiche, Zeit des Gleichgewichts in der Natur
Körper:	Niere, Nierenbecken, Blase, Haut

SKORPION: Wandlung, Idee, Ideal, Tod, Kollektiv

23.10. bis 21.11.

Element:	Wasser
Energie:	YIN
Herrscher:	Pluto / Nebenherrscher: Mars
Leitsatz:	Ich ergründe (Verwandlung)
Jahreszeit:	Die Zeit, in der die Natur stirbt
Körper:	Geschlechtsorgane

SCHÜTZE: Hoffnung, Synthese, Einsicht, Sinnhaftigkeit,
Erkenntnis, Philosophie, Schöpfung

22.11. bis 21.12.

Element:	Feuer
Energie:	YANG
Herrscher:	Jupiter / Nebenherrscher: Neptun
Leitsatz:	Ich glaube (Expansion, Sinnsuche)
Jahreszeit:	Advent
Körper:	Hüften, Oberschenkel, Leber, Galle

STEINBOCK: Einschränkung, Disziplin, Objektivität, Ausdauer, Askese, Starrheit, Struktur, Staat, Gesetz

22.12. bis 19.1.

Element:	Erde
Energie:	YIN
Herrscher:	Saturn / Nebenherrscher: Uranus
Leitsatz:	Ich vollende (Begrenzung, Auflösung)
Jahreszeit:	Winter, Weihnachten
Körper:	Skelett, Knie, Nägel

WASSERMANN: Exzentrik, Gleichzeitigkeit von Gegensätzlichem, Originalität, Fantasie

20.1. bis 18.2.

Element:	Luft
Energie:	YANG
Herrscher:	Uranus / Nebenherrscher: Saturn
Leitsatz:	Ich befreie (Erneuerung)
Jahreszeit:	Fastnacht
Körper:	Unterschenkel, Bauchspeicheldrüse

FISCHE: Auflösung von Konkretem, Überwindung von Stofflichem, das Unbewusste, Erleuchtung, mystische Schau

19.2. bis 20.3.

Element:	Wasser
Energie:	YIN
Herrscher:	Neptun / Nebenherrscher: Jupiter
Leitsatz:	Ich liebe (Einheit, Auflösung)
Jahreszeit:	Vorfrühling, Ende des Winters, Fastenzeit
Körper:	Füße, Schädeldecke

Die Kräfte der Planeten und des Tierkreises fördern unsere Tugenden, wenn wir dies erkennen und zulassen.

Die Schwächen sollten wir dann zum Positiven hin verändern. Da alles im Leben in Resonanz geht, stehen auch all unsere Stärken und Schwächen in Resonanz mit den kosmischen Planetenkräften. Wir sollten immer in dem Bewusstsein leben, dass wir die alleinige Verantwortung für unser Leben tragen und dass wir auch die Richtung selbst bestimmen, in die wir gehen wollen.

Die 12 Jahrestempel in der Übersicht

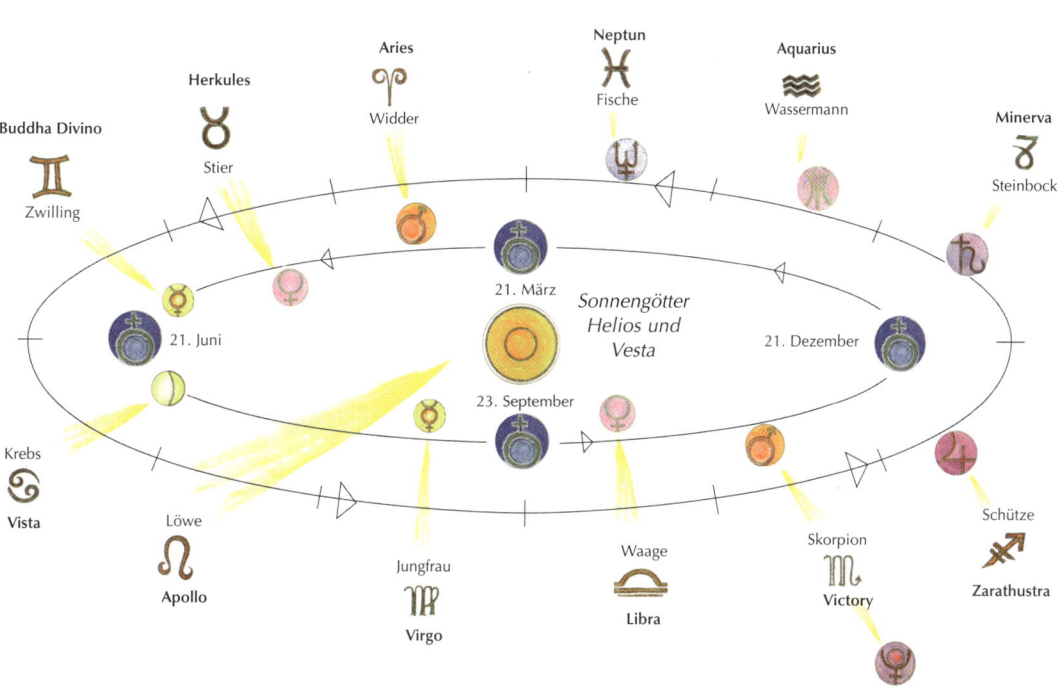

Der Tempel der Sonne liegt im Berg Uxmal in Mexiko.
Von hier aus werden die Kräfte der Sonne durch HELIOS und VESTA über die Sternzeichen in unsere Welt gesendet.

171

Sternzeichen nach der Astrologie	Tempel	Meister
Widder: geboren werden, Frühling, Aufbruch Leitsatz: Ich will Planetenherrscher: Mars	Tempel der Weisheit	Meister Aries im Widder
Stier: Beständigkeit, Genuss, Sturheit, Besitz Leitsatz: Ich gestalte Planetenherrscher: Venus	Tempel des Glaubens, der Stärke, des Mutes und der Kraft	Elohim HERKULES im Stier
Zwillinge: Kontakt, Intellekt, Entscheidung Leitsatz: Ich denke Planetenherrscher: Merkur	Tempel der Liebe	Buddha DIVINO im Zwilling (Lord Maitreya)
Krebs: Gefühl, Empfängnis, Ruhe, Familie Leitsatz: Ich fühle (Entwicklung) Planetenherrscher: Mond	Tempel der Konzentration, durch Weihung erworben	VISTA, auch als Wesen Cyclopeia bekannt, im Krebs
Löwe: Vitalität, Dominanz, Macht, Stärke Leitsatz: Ich bin (Schöpferkraft) Planetenherrscher: Sonne	Tempel der Höflichkeit und Ritterlichkeit	APOLLO – ein Meister des Königtums im Löwen
Jungfrau: Vernunft, Ordnung, Fleiß, Vorrat Leitsatz: Ich prüfe Planetenherrscher: Merkur	Tempel des Gleichgewichts, der Sicherheit und des Vertrauens	VIRGO in der Jungfrau
Waage: Ausgleich, Harmonie, Gerechtigkeit Leitsatz: Ich wäge ab Planetenherrscher: Venus	Tempel der Freiheit	LIBRA in der Waage
Skorpion: Wandlung, Idee, Ideal Leitsatz: Ich ergründe Planetenherrscher: Pluto	Tempel des siegreichen Vollbringens	VICTORY im Skorpion
Schütze: Hoffnung, Synthese, Philosophie Leitsatz: Ich glaube Planetenherrscher: Jupiter	Tempel des Geistes, des Feuers und des Enthusiasmus	ZARATHUSTRA im Schützen
Steinbock: Disziplin, Ausdauer, Askese Leitsatz: Ich vollende Planetenherrscher: Saturn	Tempel der Unterscheidungsgabe, der Diskretion und der Intuition	MINERVA im Steinbock
Wassermann: Fantasie, Originalität Leitsatz: Ich befreie Planetenherrscher: Uranus	Tempel des Fortschritts und der Intensivierung	AQUARIUS im Wassermann
Fische: Auflösung, Erleuchtung Leitsatz: Ich liebe Planetenherrscher: Neptun	Tempel der Reinheit	NEPTUN in den Fischen

Unsere Beziehung zur uns umgebenden Natur

Die feinstofflichen Zusammenhänge auf der Erde mit ihren vielfältigen Erscheinungsformen sind sehr komplex, und ich habe, wie schon gesagt, nur einen kleinen Teil dieses umfangreichen Wissens vorstellen können. Doch diese Ebenen sind wichtig für unsere spirituelle Entwicklung, und deshalb habe ich sie vorgestellt. Auch sind viele Möglichkeiten aufgezeigt, um an die alten Wunden und Verletzungen aus diesem und vergangenen Leben heranzukommen. Der kurze Einblick in die Astrologie mit den einzelnen Planetenkräften gibt uns ebenfalls Aufschluss über unsere Talente, Begabungen und auch über die Tugenden, die wir noch lernen möchten auf unserem Lebensweg. (Ein Horoskop kann die Suche nach der eigenen, wahren Identität erleichtern, ohne dass wir viel Geld dafür aufwenden müssen. Wer weiter forschen möchte, kann sich ein einfaches Astrologie-Programm besorgen. Mittlerweile gibt es diese für wenig Geld, um mittels Geburtsdatum und Kurzanalyse festzustellen, welche Prioritäten im eigenen Leben beachtet werden sollten.) Auf der Grafik ist der Tierkreis mit den Planetenstellungen in den einzelnen Abschnitten der Zeichen zu sehen, und die persönliche Planetenkonstellation im Jahr beginnt mit dem Geburtsmonat. Die Energie dieses Monats korrespondiert mit der Zahl 1 des 1. Farbstrahles *(blau),* der subjektiven Schwingung. Jetzt können Sie unbegrenzt analysieren, über die Aspekte der einzelnen Zeichen und Planeten hier im Buch nachlesen und sich hineinfühlen. Unser innerer Forscher kennt den wahren Weg. Wichtig ist, dabei der eigenen Intuition zu vertrauen und offen zu sein für die Erkenntnisse, die dann kommen. Durch die Verbindung mit unserem "HOHEN SEBST" und das Empfangen der Strahlung aller energetischen Kräfte bekommen wir in unserem Inneren durch unsere innere Stimme, die der eigenen Quelle entspringt, die tiefsten Einsichten.

Nun habe ich alle Kreise im Herzstern beschrieben. Zum Schluss möchte ich aber noch einmal auf die zwölf Brennpunkte des heiligen Feuers in den Tierkreiszeichen zu sprechen kommen. Denn wie wir wissen, wird vom Zentrum der Sonne aus alles Leben auf unserem

Der vollständige Stern
(für eine größere Ansicht sehen Sie den kompletten Herzstern auf der 13. Resonanzkarte.)

Planeten in Schwung gebracht. Wir können sehen, wie sich die unterschiedlichsten Energiequalitäten (durch die Sonne im Tierkreis) im Verlauf eines Jahres gestalten. Diese Einflüsse, die wir im Jahresverlauf durchwandern, sehen wir sehr deutlich in unserer Natur. Für uns sind dies Spiegelungen, die wir auf unser Leben übertragen können, um zu erkennen, welche Aspekte uns feinstofflich berühren und steuern. Unsere Natur, die Tiere und alle Pflanzen geben uns Hinweise auf diese wunderbaren Energiequalitäten, damit wir sie bewusst für uns nutzen.

Wie ich schon beschrieben habe, verweilt die Sonne ungefähr 30 Tage in einer Region und bewirkt durch ihre Strahlung auf das jeweilige Zentrum die Aktivierung der auf uns einwirkenden und zu lernenden Aspekte der göttlichen Weisheit.

Wir haben uns für den Zeitpunkt unserer Geburt ganz speziell das Datum ausgesucht, welches uns mit Hilfe dieser Zahlenkräfte an unsere wahre Bestimmung heranführt. Der Monat, in dem wir geboren sind, gibt uns weiterhin Aufschluss über die Qualitäten, die wir in dieses Leben mitbringen, oder woran wir noch zu arbeiten haben, da wir im Wesenskern beide Pole (gebend und empfangend) in uns tragen. Wir haben also zu lernen, die empfangenen Aspekte der göttlichen Farbstrahlen in das gebende Prinzip unserer Handlungen zu übertragen und diese im Außen zu leben.

Mit Hilfe aller Licht- und Jahrestempel und ihren Entsprechungen im Tierkreis, mit der Natur und den Farben und Zahlen haben wir die Schlüssel, die unsere Tore zu den inneren Welten öffnen, wenn wir die Aspekte "Liebe und Dankbarkeit" in uns aktiviert haben.

Vertiefung:

1. Mit Hilfe der Energietore können wir alle Ebenen der Aufgestiegenen Meister und Meisterinnen erreichen und uns auch mit den Erzengeln und Elohim verbinden, um ihre Hilfe für bestimmte Lebenssituationen zu erbitten.

2. Unser Geburtsmonat gibt uns Aufschluss über unsere Entwicklung, unsere bisher gemachten Erfahrungen vergangener Leben

und über unser Karma. Er zeigt uns auch unser Potenzial auf – unsere innere Wahrheit, die im Außen gelebt werden möchte.

3. Durch die errechnete Lebenszahl erkennen wir, auf welcher Entwicklungsstufe wir sind, welche Qualitäten wir in dieses Leben mitgebracht haben und welche Qualitäten noch entwickelt werden müssen, um den Weg in die Einheit, ins Licht gehen zu können.

4. Durch die errechnete Jahreszahl ersehen wir unser Jahresthema und die entsprechende Entwicklungsebene im jeweiligen Jahr.

Die Erde

Während einer Meditation bekam ich eine Botschaft von Mutter Erde, die ich Ihnen gerne mitteilen möchte.

Durchsage:
"Meine geliebten Erdenkinder,
nun freue ich mich, dass ich durch dieses Medium hier auch einmal zu Wort komme und ich in diesen Zeiten der Veränderungen zu euch sprechen kann. So viel wird geschildert von den bevorstehenden Veränderungen. Ich nehme einen großen Platz darin ein, denn wie ihr wisst, bin ich im Prozess des Aufstiegs, auf den ich doch so lange warten musste, um mit meinen Sternengeschwistern in derselben Dimension zu sein. Ich liebe euch alle sehr, doch so seht auch, dass meine Eigenliebe es mir gebietet, den Aufstieg jetzt vorzunehmen. All das, was ihr schon fühlt, wird sich verstärken, doch immer wieder versuche ich den Ausgleich, die Balance zwischen der Ost-West-Achse zu stabilisieren, was natürlich nicht gänzlich ohne Auswirkungen für euch bleibt. Und so bitte ich euch um eure direkte Hilfe in diesem Prozess. Geht sorgfältiger mit allem um, wo ihr doch so ein schönes Leben führen könnt in meinen Räumen der euch umgebenden Natur. Warum sucht ihr Zerstreuung in lärmenden Veranstaltungen, wo doch keine Atmosphäre zu finden ist, die euch in die Schwingung von Harmonie und Freude versetzt? Durch den Genuss, ich würde sagen, den Genuss von oberflächlichen Dingen, sterben eure Wahrnehmungssensoren für die wahren Freuden des Lebens ab. In meinen teilweise noch vorhandenen Landschaftstempeln könntet ihr so viel aufnehmen, was für euch und eure Sinne eine völlig andere Lebensqualität zur Folge hätte. Die Schönheiten, die auf meiner Erde stark beeinträchtigt wurden, da keine Rücksicht auf die energetischen Organe in den Räumen der Natur genommen wurde, hat zur Folge, dass wir jetzt alle stark zu kämpfen haben mit dem bevorstehenden Klimawandel. Und so bitte ich euch, als das Wesen, was ich mit meinem tiefsten Herzen für euch bin, als Mutter-Göttin der neuen Zeit, öffnet euch, meine geliebten Kinder, wieder für die Einfachheit eines irdischen Lebens. Öffnet eure Herzen für die vielen Facetten eures Seins. Die vielen Wesen, die Elementargeister der Elemente wären

gerne bereit, wieder wie in früheren Zeiten mit der Erdbevölkerung zusammenzuarbeiten. Warum überhört ihr alle diese Wesen? Weil ihr verlernt habt, die Sprache eurer Seele zu verstehen! Es gibt mittlerweile, und darüber bin ich sehr erfreut, viele Menschen, die meine Sprache wieder hören, mein Wort verstehen und mich energetisch unterstützen. Jeder kann das Seinige dazu beitragen. Kommt mit euren Gefühlen zu mir, und ich danke euch ein jedes Mal mit unendlicher Liebe dafür. Ich danke euch für eure Aufmerksamkeit,

eure euch über alles liebende Urmutter Erde."

Anleitung zu den Karten und Kurzanalyse

Jede einzelne dieser Farbkarten steht in Resonanz zum Original-Herzstern-symbol und hat eine energetische Schwingung von über 50.000 BOVIS-Einheiten *(benannt nach dem französischen Physiker Bovis, der sich intensiv mit feinstofflichen Schwingungen befasst hat).*

*B*evor Sie diese Karten anwenden, lesen Sie bitte die Kapitel des Buches:

Kapitel 4: *"Wir erkunden unsere besonderen Talente"*

Kapitel 5: *"Wir lenken die Farbstrahlen bewusst in unser Leben"*

Diese Karten sind dazu gedacht, Ihnen die Arbeit mit den Farbstrahlen aus den Tempeln der geistigen Welt zu erleichtern. Im Buch sind die Ebenen der Meister, Elohim und Erzengel beschrieben, doch die tägliche Anwendung dieser Strahlenlehre erfordert viel Übung. Mit diesen Karten möchte die geistige Welt Sie dahin führen, die eigene Wahrheit neu zu entdecken, die tief in Ihrem Inneren vorhanden ist. Nehmen Sie sich täglich zwölf Minuten Zeit, gehen Sie in die Stille, verbinden Sie sich mit Ihrer eigenen göttlichen Quelle und sagen Sie leise: "ICH BIN".

Jede Farbkarte bezieht sich auf einen bestimmten Wochentag, der mit einem der sieben Haupt-Chakren des menschlichen Körpers verbunden ist. Die Aspekte aller Stahlen bestimmen die Lernerfahrungen auf unserem spirituellen Weg. Mit anderen Worten: Nach Gottes Vorsehung sollte es das Ziel eines jeden Menschen sein, die Tugenden, die mit diesen Aspekten verbunden sind, ins eigene Leben zu integrieren. Arbeiten wir mit diesen Strahlenkräften an der Vervollkommnung unserer feinstofflichen Körper, so werden wir unweigerlich an unsere Lebensaufgabe, an unseren göttlichen Lebensplan herangeführt.

Da jeder von uns seinen eigenen freien Willen hat, sollten Sie sich auch so frei wie möglich fühlen und spielerisch-kreativ mit den Karten umgehen. Die wunderschönen Botschaften im Buch und der *"Herzstern"* selbst verbinden Sie immer wieder mit Ihrer eigenen Herzensqualität. Diese Energien können Sie nutzen, um Ihr Leben, Ihre

Wünsche und Ziele, ja Ihr ganzes SEIN so zu gestalten, wie Sie es sich aus tiefstem Herzen wünschen.

Auf der Karte *"Der Herzstern"* haben Sie eine Übersicht über alle Strahlenkräfte, die in den jeweiligen Tages- und Nachtstunden wirken und mit deren Eigenschaften Sie sich gefühlsmäßig verbinden können. Bitten Sie die Meister/innen, Sie mit der jeweiligen Energie zu verbinden. Sie können sich natürlich auch mit allen anderen Strahlenkräften verbinden und diese in alle Bereiche Ihres Lebens senden. Wenn Sie einen bestimmten Farbstrahl benötigen oder sich durch einen inneren Impuls mit einem besonderen Farbstrahl verbinden möchten, wählen Sie die einfache Form der energetischen Verbindung durch Energieübertragung.

Anwendungsmöglichkeit:

Eine sehr effektive und einfache Energieübertragung – vor allem, wenn Sie morgens nicht viel Zeit haben:

Nehmen Sie die ausgewählte Karte, und legen Sie Ihre linke, fühlende Hand darauf. Lenken Sie nun Ihr Bewusstsein auf den "Herzstern der universellen Liebe", und die Kraft dieser Karte wird durch den Herzstern verstärkt. Bitten Sie nun die Lenker der Farbstrahlen um Unterstützung für Ihren Tag, für Ihr Anliegen oder ..., dabei legen Sie die rechte Hand auf Ihr Herzchakra. Danken Sie anschließend für die Hilfe aus der geistigen Welt!

Je intensiver diese Arbeit fortgeführt wird, umso schneller erreichen Sie Ihre Ziele und werden dabei immer tiefer und freudvoller Ihre innere Beziehung zur spirituellen Welt fühlen.

Affirmation:

"Ich bin angeschlossen an den großen Strom der kosmischen Gnade und transformiere mit dem Herzstern das Licht der Aufgestiegenen Meister in mein tägliches Leben!"

Um nun durch den Herzstern eine *"bewusste"* Führung zu erhalten, möchte ich hier noch einmal die wichtigsten – im Buch beschriebenen – Schlüssel aufzeigen, die Sie bei der Erforschung Ihres Lebens mit seinen unterschiedlichsten Facetten anwenden können.

Vertiefung:

Der Tag unserer Geburt ist Ausdruck unser Persönlichkeit in diesem Leben. Und wenn wir sogar wissen, an welchem Wochentag wir geboren wurden, bekommen wir Aufschluss über den Aspekt der Farbe des Weltenstrahles, der uns bei unserer Reise zur Erde begleitet hat. Hieraus können wir ableiten, welche Begabungen und Talente wir in dieses Leben mitgebracht haben.

Unser Geburtsmonat gibt uns weiterhin Aufschluss über unsere Entwicklung, unsere bisher gemachten Erfahrungen vergangener Leben und über unser Karma. Er zeigt uns auch unser Potenzial - unsere innere Wahrheit, die im Außen gelebt werden möchte - oder woran wir noch zu arbeiten haben. Da wir im Wesenskern beide Pole (gebend und empfangend) in uns tragen, haben wir also zu lernen, die Aspekte der göttlichen Farbstrahlen, die wir auf der seelischen Ebene empfangen, in das gebende Prinzip unserer Handlungen zu übertragen und diese im Außen zu leben. Mit Hilfe aller Lichttempel, der Farben und Zahlen und der Natur haben wir also die Schlüssel in der Hand, die uns die Tore zu unseren inneren Welten öffnen. Voraussetzung dafür ist die Entwicklung der Eigenschaften Demut, Liebe, Dankbarkeit und Freude - ohne diese wichtigen Bestandteile unseres spirituellen Lebens sind die göttlichen Frequenzen der universellen Weisheit nicht erfahrbar.

Die Schlüssel:

1. Meditationen mit den Meister/innen

Durch Meditation schaffen wir eine Verbindung zu den einzelnen Ebenen der Aufgestiegenen Meister/innen und lernen dabei, uns auf die unterschiedlichen Energien einzufühlen und die Aspekte dieser Farbstrahlen immer mehr im Kausalkörper zu verankern. Dabei entwickeln wir die Voraussetzungen für die wichtigen Attribute Liebe, Freude, Geduld und Dankbarkeit - und öffnen so die Tore zur eigenen, inneren Welt.

2. Lebenszahl = Entwicklungsebene = Lebensthema = Haupt-lebenssinn

Durch die Quersumme der errechneten Lebenszahl erkennen wir, auf welcher Entwicklungsstufe wir sind, welche Qualitäten wir in dieses Leben mitgebracht haben und welche Qualitäten noch entwickelt werden möchten, um den Weg in die Einheit, ins Licht gehen zu können. *(Lesen Sie hierzu bitte noch einmal auf den Seiten 90–97 nach.)* Dadurch wissen wir auch, auf welcher Entwicklungsstufe wir uns befinden und welches Lebensthema wir gewählt haben.

Hier schlummern meist noch im Verborgenen unsere größten Begabungen und Talente. Auf dieser Ebene begegnen wir aber auch unseren größten Herausforderungen, damit wir durch unsere Erfahrungen alle alten Verletzungen und Blockaden erkennen und transformieren können.

Mit der Quersumme unserer Geburtsdaten, ist es auch möglich, unseren vorrangigen Farb-Energieanteil im Körper auszurechnen, um festzustellen, mit welcher Lebenszahl wir auf die Erde gekommen sind und auf welcher Entwicklungsebene/Chakraebene wir in diesem Leben unsere Erfahrungen machen. Die fehlenden Zahlen geben uns auch Aufschluss darüber, welche dazugehörigen Farb-Frequenzen uns fehlen – diese Eigenschaften sollten wir im Verlauf unserer Lebensjahre entwickeln.

Vergleichen Sie die Ziffern Ihres Geburtstages mit den Farben.

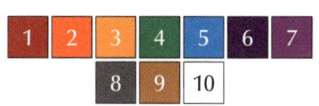

Welche Farben fehlen? Wobei den Zahlen 1 + 9 weniger Beachtung zu schenken ist, da der Jahrhundertauftrag ein Kollektivauftrag aller Menschen ist.

2. Jahreszahl = Jahresthema = Entwicklungsthema im spezifischen Jahr

Jedes Jahr besitzt seine eigene energetische Schwingung, und jede dieser energetischen Schwingungen gleicht einem der neun

Lebensthemen auf deren Entwicklungsebene. Somit besitzt jedes Jahr eine äußere, objektive und für jeden wahrnehmbare Qualität, die in direkter Beziehung zu unserer inneren Entwicklungsebene steht.

Neben dieser objektiven Zahl trägt eine jede Seele ihre eigene subjektive Jahreszahl in sich. Dieser persönliche Rhythmus wird von der Jahreszahl gesteuert. Der persönliche Jahreszyklus eines Menschen beginnt am Geburtstag und dauert bis zum nächsten Geburtstag. Hier erhalten wir für die Dauer eines Jahres einen Schub neuer Energien und damit auch die Lernerfahrungen, die wir benötigen. Dieser Zyklus deckt sich also nicht mit dem kalendarischen Jahr, und die persönliche Jahreszahl ist deshalb gewissermaßen eine metaphysische Uhr, die am Tag der Geburt zu ticken beginnt. Um Ihre Jahreszahl zu errechnen, lesen Sie bitte noch einmal auf Seite 94 nach.

Die äußere und innere Jahreszahl erzeugt zwei Pole, die wir mit YIN (weiblicher Aspekt) und YANG (männlicher Aspekt) bezeichnen. Jedes neue Geburtsjahr führt uns auf unserer Lebensreise auf die für uns zu erforschenden Wege, die wir für unsere Bewusstwerdung benötigen. Einige Ebenen sind schon geklärt und ermöglichen uns demnach ein Jahr voller Freude und Segen; dann begegnen wir in einem anderen Jahr auch unseren unerlösten Themen. Bei unserem persönlichen Jahreszyklus handelt es sich daher um Etappen auf dem Weg zu unserem selbst gewählten, jedoch *"unbewussten"* Ziel.

3. Die Energietore zu den Ebenen der Aufgestiegenen Meister

Begegnen wir unseren Lernaufgaben und den damit verbundenen Schwierigkeiten, können wir mit Hilfe der Energietore alle Ebenen der Aufgestiegenen Meister und Meisterinnen erreichen sowie uns auch mit den Erzengeln und Elohim verbinden, um ihre Hilfe für diese Lebenssituationen zu erbitten.

Anwendung 1. Schritt:
Lesen Sie im Teil V auf Seite 118 und 119 beim 1. Farbstrahl noch einmal alle Fragen durch, und schreiben Sie das auf, was nicht mehr zu Ihrem Leben passt oder was Sie daraus entlassen möchten. Durch

Addition und Analyse werden Sie zum Forscher Ihres eigenen Lebens, Sie lernen, selbstbestimmt und frei zu werden, und lösen sich systematisch von den Fesseln der Vergangenheit!

Schreiben Sie alles auf violettes Papier, und achten Sie darauf, dass Ihr Geburtsdatum und Ihr Name ebenfalls darauf stehen. Nehmen Sie abends vor dem Zubettgehen die 7. Farbkarte mit den violetten Strahlenkräften zur Hand, und legen Sie Ihre linke Hand darauf. Verbinden Sie sich gedanklich mit dem Herzstern, und bitten Sie Meister SAINT GERMAIN um Hilfe bei der Transformation Ihrer Emotionen, Ängste und alten Überzeugungen. Lesen Sie das Geschriebene laut und deutlich! Um die Kraft dieser Anrufung zu verstärken, legen Sie dabei Ihre rechte Hand auf das Herzchakra.

Sie können sicher sein, dass diese Geisteshaltung und Ihre Ausrichtung auf die Symbole eine Veränderung in Ihrem Leben bewirken, und es geschieht nichts, was nicht im göttlichen Plan für Sie vorgesehen ist.

Anwendung 2. Schritt:

Lesen Sie im Teil V auf Seite 132 und 133 beim 2. Farbstrahl noch einmal alle Fragen durch, und versuchen Sie, immer möglichst neun Antworten zu bekommen.

Überprüfen Sie danach Ihre Emotionen, die beim Auswerten Ihrer Wünsche auftauchen. Werden Sie zum Beobachter Ihrer Gedanken, Wünsche und Ziele. Erstellen Sie nun Ihren Wunschzettel: Schreiben Sie Ihre Wünsche auf einen runden, gelben Karton. Achten Sie ebenfalls wieder darauf, dass Ihr Geburtsdatum und Ihr Name mit auf der Scheibe stehen; Sie können in die Mitte dieser Scheibe eine Kopie vom Herzstern kleben. Von der Mitte aus zeichnen Sie schräg verlaufende Linien (wie die Speichen eines Rades) und schreiben Ihre Wünsche darauf; dabei stellen Sie sich vor, wie diese Linien sich immer weiter ausdehnen. Wenn Sie nun in diese Wünschen immer wieder Ihre Energie geben und täglich die Farbstrahlen der Meister dorthin lenken, werden Sie Ihre Visionen und Ziele auch erreichen.

Lesen Sie das Geschriebene immer wieder, und benutzen Sie die zuvor beschriebene Anwendungsmöglichkeit, damit die Energie des Herzsterns Ihre körpereigene Schwingung verstärkt. Die Energietore der einzelnen Karten verbinden Sie mit den Ebenen der geistigen Helfer. Vertrauen Sie einfach Ihrer Intuition, und erspüren Sie, mit welchem Farbstrahl Sie sich verbinden möchten.

Die Energien der goldenen, goldgelben, der grünen und rubinfarbenen Strahlenkräfte sollten Sie, zusätzlich zu den anderen Farbstrahlen, immer wieder in Ihre Wünsche und Ziele lenken.

Praxisbeispiel: Kurzanalyse und Lebensthemen

Es ist sehr hilfreich, wenn Sie diese Blätter kopieren und als Vorlage für Ihre Notizen benutzen.

Berechnung der Lebenszahl, des Lernthemas und der Entwicklungsebene/Chakraebene, auf der Sie Ihre Erfahrungen sammeln; ein bewusstes Analysieren erleichtert Ihren Lebensweg. Sehen Sie sich dazu bitte auch die Zeichnung auf Seite 93 an.

Die Quersumme aus der Lebenszahl sagt uns: "Was möchte ich in diesem Leben?"
Die Quersumme aus der Jahreszahl ist unser Jahresthema!

Beispiel für die Lebenszahl:		Ihr persönliches Geburtsdatum:

Geburtsdatum: 13.07.1948

$$13$$
$$7$$
$$+\ 1948$$
$$\overline{1968} = 1+9+6+8 = 24 = 2+4 = 6$$

X	1
X	2
X	3
X	4
	5
X	6
X	7
X	8
X	9
10	10

Geburtsdatum: _____

Quersumme: 6 indigo
Chakraebene: 6 = 6. Chakra
          Drittes Auge/indigo
Lebenszahl und
     Lernthema: 6 = treibende Kraft der Liebe

Quersumme: _____
Chakraebene: _____
Lebenszahl und
Lernthema: _____

Vergleichen Sie im Kästchen, welche Farben fehlen.
Lesen Sie bitte "Ebenen der Farben im menschlichen Körper" (Seite 55-57) und über die Aura und Chakrensysteme des Menschen ab Seite 68-80 nach.

Beispiel für die Jahreszahl:	Ihre persönliche Jahreszahl:

Geradatum: 13.07.1948, für das Jahr 2007

$$
\begin{array}{r}
13 \\
7 \\
+\ 2007 \\
\hline
2027
\end{array}
= 2+0+2+7 = 11
$$

Geburtsdatum: _____

*Die Endziffern 11 + 12 werden bei den Jahres-
zahlen nicht reduziert, da dies Meisterzahlen sind!*

Quersumme: _____

Chakraebene: _____

Lebenszahl und

Lernthema: _____

Quersumme: 11

Nur durch viel Schattenarbeit, durch die Auf-
lösung von alten karmischen Verletzungen und
Belastungen, werden wir zum Meister unseres
Lebens!

*Die Jahreszahlen regen Jahr für Jahr unsere inneren Zentren an und sorgen für
die Erfahrungen in unserem Leben.*

Gebrauchsanleitung und weitere Verwendung der Resonanzkarten

Jede Energiekarte ist ein Tor oder ein Schlüssel zur jeweiligen Meisterebene und stellt somit die energetische Verbindung zu den einzelnen Lichtebenen her. Jede Farbkarte hat eine Lebenskrafteinheit von 50.000 BOVIS-Metern (*benannt nach dem französischen Physiker Bovis, der sich intensiv mit feinstofflichen Schwingungen befasst hat)*. Dies bedeutet, dass Sie diese Powerkarten für unendlich viele Zwecke in Ihrem täglichen Leben anwenden können, sei es für Ihre spirituelle Arbeit oder bei körperlichen Beschwerden. Sie können jedoch auch Ihre Speisen mit den Aspekten der einzelnen Farbstrahlen energetisieren. *Wichtig dabei ist, dass die Karten nur zu aufbauenden und nicht zu manipulativen Zwecken verwendet werden!*

Diese Energiekarten können also viel mehr als normale Farbkarten, da sie zum einen die Verbindung zu den großen Wesenheiten, die auf diesen Strahlen dienen, herstellen und zum anderen auch die Verbindung zu unseren inneren Zentren und körpereigenen Strukturen aufnehmen. So möchte ich hier noch einige Anwendungsmöglichkeiten für jeden Strahl aufzeigen und Sie bitten, so kreativ wie möglich damit umzugehen. Benutzen Sie die Farbvisualisierung, oder legen Sie einfach Ihre linke Hand mit der Innenseite auf die entsprechende Karte, und verweilen Sie zwölf Minuten in dieser Haltung. Sobald unsere Wahrnehmungssensoren auf das Symbol mit der jeweiligen Farbe gerichtet sind, werden die Aspekte der Karte aktiviert! Wir stellen so die Verbindung her und können die Meister, Erzengel und Elohim anrufen, deren Hilfe wir brauchen. Wir gehen mit dieser Methode unmittelbar in Beziehung zur ausgewählten Ebene. Eine laut gesprochene Anrufung oder Bitte verstärkt die Kraft der Karte noch; wir spüren dies deutlich in unseren Handchakren und im gesamten Körper.

1. Farbstrahl Blau:

- Verstärkt unsere Lebensenergie und wirkt als Schöpfungsstrahl zum Erreichen unserer Ziele.
- Verleiht Schutz und macht unseren Ätherkörper für Angriffe aus der astralen Welt unsichtbar.
- Schenkt uns Seelentiefe und fördert unseren Selbstausdruck sowie unsere Geistigkeit.
- Stärkt unsere Willenskraft und die Bereitschaft, etwas in Gang zu setzen.
- Stärkt unsere Glaubenskraft, schenkt uns Mut und aktiviert unsere innere Führung.

Körperliche Anwendung:

- Kühlend und stark beruhigend, zieht die Gefäße zusammen.
- Der gesamte Hormonhaushalt kommt ins Gleichgewicht.
- Beruhigt die Schild- sowie die Zirbeldrüse, die Hypophyse und das vegetative Nervensystem.
- Stärkt Geist und Nerven.
- Fiebersenkend, hilft bei eitrigen Halskrankheiten.
- Die Komplementärfarbe zu Blau ist Rot.

2. Farbstrahl Goldgelb:

- Stellt die Verbindung zum "ICH BIN" her, schenkt Weisheit, Klarheit und Gedankenfreiheit.
- Fördert unseren Selbstwert und hilft bei Entscheidungen sowie bei unserer Wahrheitssuche.
- Stärkt unser inneres Licht und erweckt die Schöpferkräfte in uns.
- Schenkt uns Zugang zur Akashachronik, zum alten Wissen in uns.
- Goldgelb und Grün ziehen Fülle in unser Leben.
- Erweckt in uns die Lebensfreude, die Freude am Denken und die damit verbundene Kreativität.
- Stärkt unseren Intellekt, die Feinsinnigkeit sowie das abstrakte Denken.

- Unsere Feinfühligkeit wird gestärkt und unsere intuitive Wahrnehmung geschult.

Körperliche Anwendung:
- Stärkt unser gesamtes Immunsystem und hat eine starke Regenerationskraft.
- Beruhigt unser Nervensystem und wirkt stärkend auf die Sinnesorgane.
- Goldgelb ist gut bei allen Allergien, es stärkt die Gallenblase und die Leber.
- Hilft bei nervösen Erschöpfungszuständen und bei Magenbeschwerden.
- Depressionen können damit gelindert werden, nur leider wird Gelb meist nicht angenommen.
- Die Komplementärfarbe zu Gelb ist Violett.

3. Farbstrahl Rosa:
- Herzenswärme, universelle Liebe, Zärtlichkeit.
- Transformiert unser Ego und stärkt unsere Liebesfähigkeit.
- Die körpereigene Schwingung wird erhöht, und unsere Entwicklung geht schneller voran.
- Alle Schwierigkeiten können mit diesem Farbstrahl aufgelöst werden.
- Es ist die alles durchdringende Liebeskraft, sie fördert unseren Idealismus.
- Heilfarbe auch für Tiere, Pflanzen und Bäume.
- Schenkt uns Zartheit und Feingefühl.

Körperliche Anwendung:
- Senkt den Blutzuckerspiegel.
- Wirkt beruhigend auf unseren Körper und auf das Gemüt.
- Wirkt erneuernd auf unsere Zellen und Organe.
- Stärkt das Herz, den Kreislauf, die Lungen und unsere Blutbahnen, Rosa ist der Atem unseres Lebens.

- Wirkt stärkend auf Schwäche- und Erschöpfungszustände sowie auf alle Krankheiten des Herzens.
- Stärkt unsere Anziehungskraft auf andere Menschen und fördert unsere Ideen und Projekte.
- Die Komplementärfarbe von (Rot-)Rosa ist Blau.

4. Farbstrahl Weiß:

- Enthält alle Farben und lässt alle Makel sichtbar werden.
- Fördert die Meisterschaft über unser Leben und die Integration aller Tugenden.
- Reinigt und stärkt unser inneres Licht.
- Diszipliniert unseren Lebensstil.
- Sorgt für Regeneration und gibt uns Antrieb für inneres Wachstum.
- Konfrontiert uns immer wieder mit unseren unbewussten Lebenszielen – unserem Lebensweg.
- Schenkt uns Selbstvertrauen und die Bereitschaft zur Vergebung.

Körperliche Anwendung:

- Reinigt und klärt unsere Emotionen im Bereich des Wurzelchakras.
- Wirkt beruhigend und klärend, alle Verletzungen kommen an die Oberfläche.
- Organe im Bereich des Wurzelchakras, wie z. B. die Nebennieren, die Ausscheidungsorgane und die Genitalien, erfahren Klärung und Erneuerung.
- Übermäßiges sexuelles Interesse wird gemildert.

Zusammen mit dem opalfarbenen Strahl wird durch diesen weißen Strahl eine Wiedergeburt ins Licht vorbereitet, wonach keine weitere irdische Inkarnation mehr erfolgt!

5. Farbstrahl Grün:

- Strahl der Weihung und Einweihung.
- Schenkt uns Konzentration für unsere angestrebten Ziele.
- Sorgt für Wahrheit, Gerechtigkeit und Heilung auf allen Seinsebenen.
- In der grünen Strahlung liegen alle Antworten auf unsere Fragen.
- Gedankenstrukturen werden geklärt.
- Erzengel Raphael führt uns mit seinem grünen Strahl durch alle Ängste.
- Schult unser Drittes Auge und den Zugang zur geistigen Welt.
- Energetisiert das Wasser mit Heilungskräften.
- Es ist der Strahl der feinen Künste wie Musik und Malerei, begleitet von Elohim VISTA.
- Schwierigkeiten in Bezug auf Wahrheit können aufgelöst werden.
- Mit diesem Farbstrahl können wir anderen Menschen Heilungsenergie senden.

Körperliche Anwendung:

- Bringt alle Körperfunktionen wieder in die göttliche Ordnung.
- Wirkt beruhigend auf unseren Körper und auf das Gemüt.
- Wirkt erneuernd auf unsere Zellen, Organe und alle Körperfunktionen.
- Heilt und stärkt das Herz, den Kreislauf, die Lungen und unsere Blutbahnen.
- Hilft bei Magenübersäuerung, Augenkrankheiten, Zysten, Geschwüren, Hautkrankheiten etc.
- Die Komplementärfarben zu Grün sind Rot und Magenta-Violett.

Affirmation: ICH BIN die mächtige Gegenwart, die jede Zelle meines Körpers und meines Geistes durchströmt, erfüllt und alle meine Zellen und Organe erneuert. ICH BIN!

6. Farbstrahl Rubinrot:

- Verbindender Liebesstrahl für alle menschlichen Beziehungen.
- Gleicht negative Emotionen aus und bringt uns ins Gleichgewicht.
- Verbindende Kraft zu allen Seinsebenen.
- Senkt den Frieden in unser Herz und heilt Geist und Gemüt.
- Entwickelt die Demut und das selbstlose Dienen.
- Entwickelt eine tiefe Liebesfähigkeit und fördert die partnerschaftliche Liebe.
- Verbreitet Optimismus und die damit verbundene innere Freiheit.
- Fördert unsere inneren Gaben und Talente.

Körperliche Anwendung:

- Wirkt anregend, erwärmend und antreibend als Urkraft des Lebens.
- Hilft bei Schwäche- und Erschöpfungszuständen, bei Müdigkeit und Niedergeschlagenheit.
- Hilft bei nervösen Störungen sowie Schlaflosigkeit und schenkt uns Urvertrauen.
- Stärkt den gesamten Kreislauf, Blutdruck und Puls werden angeregt.
- Alles Chronische kommt mit Rot an die Oberfläche und kann somit geheilt werden.
- Die Komplementärfarbe zu Rot ist Blau.

7. Farbstrahl Violett:

- Absoluter Reinigungsstrahl, karmische Belastungen können aufgelöst und transformiert werden.
- Klärt ungute Gedankenstrukturen.
- Emotionale Verletzungen im Bereich des 2. Chakras können mit diesem Strahl aufgelöst werden.
- Entwickelt Mitgefühl, Barmherzigkeit und Geduld.
- Höhere Ideale und Ziele werden durch diesen Farbstrahl gefördert.
- Wirkt stark auf unser Unterbewusstsein, fördert Kreativität und Ideenreichtum, göttliche Ideen fließen ins Leben.
- Verschmelzung mit dem göttlichen Willen.

Körperliche Anwendung:
- Bei Depressionen darf kein Violett verwendet werden!
- Violett nimmt Einfluss auf das gesamte Drüsensystem, den Stoffwechsel, den Hormonhaushalt, das Lymphsystem, das Blut, die Leber, die Milz, die Nieren usw. Violett reinigt und verwandelt alles, wohin wir diesen Strahl auch senden. Er wirkt daneben stärkend und aufbauend nach längeren Krankheiten und bei geistigen und nervlichen Störungen.
- Appetitdämpfend.
- Die Komplementärfarbe zu Violett ist (Gold-)Gelb. Es ist sehr hilfreich, beide Farben immer wieder miteinander zu kombinieren, damit die Tiefe der Farbe Violett mit der Weisheit der Farbe Goldgelb gepaart wird.

8. Farbstrahl Aquamarin:
- Fördert die Formulierungsgabe und den kreativen sprachlichen Ausdruck.
- Alle Gedankenstrukturen werden durchlichtet sowie geklärt, und wir erkennen, was nützlich für uns ist.
- Schenkt Klarheit für das Erreichen unserer Ziele und die Ausrichtung auf den göttlichen Plan.
- Fördert das spirituelle Wachstum.
- Schenkt uns die Erfüllung wahrer Freuden, beschert Selbstwert, Ausgeglichenheit und Balance.
- Stellt die Beziehung zwischen den inneren und äußeren Aspekten des Lebens her.

Körperliche Anwendung:
- Stärkt unsere Abwehrkräfte, vermittelt Frische und wirkt regenerierend auf die Haut.
- Wirkt bei allen entzündlichen Erkrankungen und denen des Skelettes.
- Beruhigt und stärkt unser Nervensystem, auch in der Pubertät.

- Wirkt kühlend bei Verbrennungen.
- Ängste, die mit der Sprache zu tun haben, können mit Aquamarin überwunden werden.

9. Farbstrahl Magenta:

- Schafft Harmonie, Gleichgewicht und manifestiert den Frieden im eigenen Herzen.
- Entwickelt die Manifestationseigenschaften der absoluten Liebe in uns.
- Alle emotionalen Verletzungen unseres Herzzentrums werden mit diesem Farbstrahl geheilt.
- Höhere Ideale und Ziele werden gefördert.
- Entwickelt die Weisheit des eigenen Herzens.

Körperliche Anwendung:

- Hilft bei Depressionen und Herzbeschwerden aller Art.
- Kühlt sowie lindert Schmerzen und löst Verkrampfungen und Engegefühle im Brustraum, hilft bei Übelkeit, unterstützt die Zirbeldrüse und lindert Kopfschmerzen sowie Migräne.
- In Kombination mit dem grünen Heilungsstrahl hilft Magenta bei: Schock, Schwindel, Sodbrennen, Traumata, Tumoren und der Auflösung von Zysten (*natürlich in Begleitung der Ärzte und der Schulmedizin!*)
- Die Komplementärfarbe zu Magenta ist Grün.

10. Farbstrahl Gold:

- Die Integration dieses Farbstrahles verändert unser Leben und verlangt viel Disziplin!
- Toleranz und Liebe sind mächtige Bausteine, die wir mit diesem Farbstrahl erwerben können, um ein Leben in Fülle und Wohlstand zu manifestieren.

- Besondere Talente und Gaben werden durch diesen Strahl hervorgeholt.
- Schenkt uns innere Ruhe und Geborgenheit.
- Wahre Freude und die Erfüllung des göttlichen Lebensplanes.
- Meisterschaft über das Leben und wahrhaftige universelle Liebe, göttlicher Auftrag.
- Gold und Grün ziehen die Fülle in unser Leben.

Körperliche Anwendung:
- Gold ist Alchemie für unseren Körper, es wandelt alles um und erneuert unsere Zellen. Dies bedeutet für uns, dass die Integration der Aspekte dieses Farbstrahles erfolgt sein muss, damit der Erneuerungsprozess einsetzen kann!
- Wirkt unterstützend auf den Solarplexus und das Herzchakra.

11. Farbstrahl Pfirsich:
- Wenn wir diesen Farbstrahl in unser Leben einladen, werden wir unweigerlich mit den Blockaden konfrontiert, die unserem göttlichen Lebensweg im Wege stehen.
- Konfrontiert uns mit der Polarität in unserem Inneren.
- Fördert die Konzentration auf das Wesentliche, das Göttliche, auf unserer ureigenstes "ICH BIN".
- Starke Manifestationskraft.
- Die höchsten Ideale und Ziele der eigenen Göttlichkeit werden durch die Aspekte dieses Farbstrahls gefördert.
- Stellt die Liebe zu Gott und den göttlichen Ausdruck her.

Körperliche Anwendung:
- Starke beruhigende Wirkung.
- Versorgt unsere Zellen mit reiner Lichtnahrung.
- Verstärkt die körpereigene Schwingung und stärkt das Immunsystem.
- Wirkt unterstützend auf das Herz- und Halschakra.

12. Farbstrahl Opal:

- Unterstützt den violetten Strahl, die gesamte Karmaauflösung wird in Gang gesetzt.
- Die Vereinigung mit unserem HOHEN SELBST können wir mit Hilfe dieses Farbstrahls vornehmen.
- Verhilft uns zu friedvollen und reinen Beziehungen, auch in der körperlichen Liebe.
- Liebe mit Respekt, Treue und Toleranz manifestiert sich in unserem Leben.
- Dieser Farbstrahl schafft tief greifende Veränderungen auf allen Ebenen.

Körperliche Anwendung:

- Arbeiten wir intensiv mit diesem Strahl, so verändert sich unser Körperbewusstsein.
- Wir lernen, unseren Körper zu genießen und unsere Bedürfnisse in Freude zu erleben.
- Zufriedenheit strahlt aus unseren Gesichtern, da sich Körper, Seele und Geist zusehends verändern.

Die Aspekte dieser Farbstrahlen verändern Ihr Leben – bitten Sie um Hilfe, und lenken Sie die Farbstrahlen immer wieder dorthin, wo Sie Hilfe benötigen!

1. Farbstrahl: Königsblau von Meister El Morya
   Aspekt: Glaube, Schutz, Stärke, göttlicher Wille

2. Farbstrahl: Goldgelb von Meister Konfuzius
   Aspekt: Weisheit, Erleuchtung, Beständigkeit, Intelligenz

3. Farbstrahl: Rosa von Meisterin Lady Rowena
   Aspekt: göttliche Liebe, Freiheit, Toleranz

4. Farbstrahl: Weiß von Meister Seraphis Bey
   Aspekt   Reinheit, Disziplin, Harmonie und Aufstieg

5. Farbstrahl: Grün von Meister Hilarion
   Aspekt: Wahrheit, Konzentration und Heilung

6. Farbstrahl: Rubinrot von Meisterin Lady Nada
   Aspekt: selbstloses Dienen, geistige Heilung und universeller Frieden

7. Farbstrahl: Violett von Meister Saint Germain
   Aspekt: Transformation, Umwandlung, Vergebung

8. Farbstrahl: Aquamarin vom Maha Cohan
   Aspekt   Unterscheidungsvermögen, Klarheit

9. Farbstrahl: Magenta von Meister Jesus Sananda
   Aspekt: Liebe, Frieden, Harmonie und Herzenswärme

10. Farbstrahl: Gold von Meister Kuthumi
    Aspekt: Fülle, Reichtum, Lebensfreude

11. Farbstrahl: Pfirsich von Meister Lord Maitreya
    Aspekt   Freude und göttliche Aufgabe

12. Farbstrahl: Opal von Meister Sanat Kumara
    Aspekt: Der siebte und zwölfte Farbstrahl stehen für die Umwandlung und Wiedergeburt. Diese Strahlen stehen am Ende eines Wandlungsprozesses.

Nachwort

Liebe Leserinnen und Leser, mit dem Wissen, das in den einzelnen Kreisen des "Herzsterns" enthalten ist, möchte ich viele Menschen erreichen, die ihr Leben in eigener Verantwortung und Liebe zur Schöpfung Gottes und zur Mutter Erde leben möchten.

Mein Leben änderte sich nach einem schweren Schicksalsschlag. Als ich mir danach tief gehende Fragen zu meinem Leben stellte, wurde ich von unsichtbaren Mächten und Kräften geführt und getragen. Mir wurde der tiefere Sinn meines Lebens während meiner inneren Entwicklung immer deutlicher, und auch meine berufliche Arbeit bekam für mich einen tieferen Sinn. Ich habe viele Seminare besucht und an meiner Entwicklung gearbeitet und bin nun an einem Punkt in meinem Leben angekommen, wo ich die Führung aus den Ebenen des Lichtes spüre und mich ihr unterstelle.

Die Arbeit an diesem Buch hat mir eine unvorstellbare Freude bereitet, und ich bin sehr dankbar, dass es mit Hilfe der Aufgestiegenen Meister und Meisterinnen entstanden ist. Einen Teil dieses umfangreichen Wissens, das im Symbol des Herzsterns enthalten ist, habe ich nun aufgezeigt, es ist das Herzstück, die Mitte und das Zentrum des geometrischen Bildes. Die verschiedenen Ebenen des Sternes, die in diesem Buch vorgestellt werden, beinhalten das Basis-Wissen eines möglichen Entwicklungsweges für uns Menschen. Es ist als Orientierungshilfe gedacht, ähnlich den Wegweisern an unseren Straßen, die uns erkennen lassen, an welcher Wegesstrecke wir uns zur Zeit befinden, um dementsprechend die Richtung zu wählen, um unser Ziel zu erreichen.

Anfangs wusste ich noch nicht, wohin mich der Inhalt dieses Herzsternes führen würde, und ich hatte mir nicht vorstellen können, dass ich so viel Hilfe aus der geistigen Welt bekommen würde und so viele wundervolle Botschaften dieses Buch mit ihren Energien bereichern würden. Ich hoffe, dass auch Sie dieses Buch mit viel Freude gelesen haben und weiterhin mit Hilfe der Resonanzkarten die Verbindung zu den Ebenen der geistigen Welt genießen können.

Ich möchte mich an dieser Stelle bei den Aufgestiegenen Meistern und bei meiner Geistführerin MUTTER MARIA für die vielen Ratschläge und Botschaften zu diesem Projekt aus tiefstem Herzen bedanken.

Johanna Tippkemper

Kollektives Netzwerk

Kollektives Netzwerk für Kommunikation, Kooperation und Heilung

Der Innenkreis des "Herzsterns" wurde von mir bewusst als Logo zur Bildung des neuen Netzwerkes genommen. Dieses Netzwerk steht unter der Schirmherrschaft der Aufgestiegenen Meister, der Engel, Erzengel und der Wesen aus den Naturreichen. Sein Ziel es, Bereiche des menschlichen Miteinanders zu vernetzen, die Zusammenarbeit im Sinne dieses Herzsterns und die Spiritualität der Menschen zu fördern. Aufgrund seines geometrischen Urmusters geht der Herzstern aus seiner eigenen schöpferischen Mitte mit uns in Resonanz und schwingt durch alle Ebenen des Universums. Stellen wir uns unter die Führung des Herzsterns und der damit verbundenen universellen Energie kosmischer Ordnung, wird er uns Wohlstand und gegenseitige Bereicherung auf allen Ebenen unseres irdischen Lebens bringen. Auf dieser Ebene existiert alles, was ist, u. a. Harmonie, Ästhetik, Freude und Schöpferkraft. In dieser schöpferischen Mitte befindet sich der Mensch, das "ICH BIN", hier liegen Ursprung und Einheit, und der Mensch begreift sich in seiner Einzigartigkeit als bewusstes Wesen. Hier erzeugen wir Menschen Resonanzfelder und ziehen durch unsere Einstellungen, Ideen und Gedanken sowie durch unsere Art des Auftretens andere Menschen an, die in dieses Netzwerk passen. Dies ist das Gesetz von Ursache und Wirkung. Wenn also Menschen auf einer gemeinsamen Wellenlänge bzw. in einer Wesensverwandtschaft zusammen schwingen, werden diese durch das Netzwerk angezogen, und es entsteht eine Form der Zusammenarbeit mit gegenseitigem Nutzen. Das ist die Grundlage aller sozialen Beziehungen. Wenn wir der eigenen Wahrheit und inneren Führung folgen, bilden wir die Qualität eines Netzwerkes und sind ein Teil von ihm. In diesem Netzwerk sind Menschen unterschiedlichster Berufsgruppen willkommen. Das kollektive Netzwerk erfordert Bewusstheit, Verantwortungsgefühl und die Verpflichtung, sich für die Aufgabe, für die Qualität der Dienstleistung und für den gemeinsamen Nutzen zu engagieren – ein Zusammenwirken im eigentlichen Sinne. Durch diese Form der Zusammenarbeit verankern wir wieder Vertrauen, Lebensfreude und Lebensqualität in unserer Gesellschaft. Dies führt zur Entwicklung einer gesunden Lebensbasis für uns, unsere Kinder und weitere Generationen. Sollten Sie Interesse an diesem Netzwerk haben, nehmen Sie bitte Kontakt mit mir auf.

Johanna Tippkemper
Beethovenstraße 8
59302 Oelde
Fon 0 25 22 – 8 13 61
Fax 0 25 22 – 8 13 81
architektur@johanna-tippkemper.de
www.johanna-tippkemper.de
www.el-vista.com

Literaturverzeichnis

Bücher:

Avalon, Claire: Die weiße Bruderschaft, Smaragd

Avalon, Claire: Wesen und Wirken der weißen Bruderschaft, Smaragd

Avalon, Claire: Die zwölf göttlichen Strahlen und die Priester aus Atlantis, Smaragd

Brennan, Barbara Ann: Lichtheilung, Goldmann

Caroll, Lee: Kryon, Band I und VII, Ullstein

Dude, Elisabeth: Weg zur Meisterschaft der Seele, Verlag für kosmisches Bewusstsein

Dude, Elisabeth: Heilen mit der Christuskraft, Verlag für kosmisches Bewusstsein

Dude, Elisabeth: Finde die Liebe in dir, Verlag für kosmisches Bewusstsein

Hicks, Esther Jerry: Wünschen und bekommen, Ullstein

Husek-Goese, Tatjana: Astrologie. Das Einsteigerbuch, Hugendubel

Jung, C. G.: Erinnerungen, Träume, Gedanken, Walter

Keppler, Johannes: Was die Welt zusammenhält, Marix

Kückelhaus, Hugo: Urzahl und Gebärde, Klett und Balmer

Levry, Joseph Michael: Den Schleier lüften, Rootlight, Inc.

Lüdeling, Ingeborg M.: Steine, Bäume, Menschenträume, Bauer

Nerwala, Barbara: Steine und Sterne, Neue Erde

Newmont, Nick: Neue Numerologie, Integral

Pogacnik, Marko: Schule der Geomantie, Droemer-Knaur

Rawles, Bruce: Mandalas der Heiligen Geometrie, Silberschnur

Ruland, Jeanne: Die Gegenwart der Meister, Schirner

Ruland, Jeanne: Feen, Elfen, Gnome, Schirner

Sagan, Samuel: Heilende Planetenkräfte, Ebertin

Sanders, Pete A. jr.: Die Geheimnisse übersinnlicher Wahrnehmung, Windpferd

Sherwood, Keith: Kraftzentren des Lebens, Bauer

Simoné, Kerstin: Thoth-Projekt Menschheit, Smaragd

Strebel, Annemarie: Farben. Kinder des Lichtes, Windpferd

Sun, Howard und Dorothy: Neuer Schwung durch Farbe, Bauer

Tomkiens, Peter / Christopher Bird: Die Geheimnisse der guten Erde, Omega

Weizenhöfer, Sibylle: Das Tor zum Goldenen Zeitalter, ch. Falk

Zeitschriften:

Brücke zur Freiheit e.V. Berlin: Verschiedene Schriften über die Lehren der Theosophie

Hagia Chora, Zeitschrift für Geomantie

Weiterführende Informationen zu
Büchern, Autoren und den Aktivitäten
des Silberschnur Verlages erhalten Sie unter:
www.silberschnur.de oder durch
die Zusendung der beiliegenden *Postkarte*.

Ihr Interesse wird belohnt!

Brenda Barnaby

Das Geheimnis hinter "The Secret"

Alle Geheimschlüssel der populären Botschaft, die Rhonda Byrne in ihrem Werk "The Secret – Das Geheimnis" verkündet, werden hier enthüllt, um jedem von uns Zugang zu seinem eigenen Weg zu vermitteln. Daneben enthält dieses Werk eine Sammlung von Tipps und Methoden zur Persönlichkeitsentwicklung, die von den bedeutendsten Experten unserer Zeit auf dem Gebiet des Positiven Denkens stammen. Sie halten hiermit zweifelsohne ein Buch von unschätzbarem Wert in Händen, das Ihr Leben verändern kann, wenn Sie bereit sind für ein Leben voller Erfolg, Wohlstand, Gesundheit und Harmonie.

184 Seiten, gebunden · € [D] 17,90 · ISBN 978-3-89845-242-7

Walter Rotter

Charaktere erkennen – Menschen verstehen

Eine echte Sensation! Nach über 3 Jahrzehnten intensiver Studien und beratender Tätigkeit ist Walter Rotter – allein auf der Grundlage des Geburtsdatums und der Geburtsstunde – in der Lage, den Charakter jedes Menschen zu erfassen, den Zugang zu diesem zu finden und ihn im Herzen zu berühren.
Mit Hilfe dieses Buches wird nun auch Ihnen der Zugang zu vielen Menschen erleichtert werden. Lassen Sie sich überraschen von der Vielfältigkeit dieser wunderbaren Grundcharaktere, lernen Sie sie zu verstehen und Sie werden ein erstaunliches Feedback erhalten ...

464 Seiten, gebunden · € [D] 19,90 · ISBN 978-3-89845-112-3

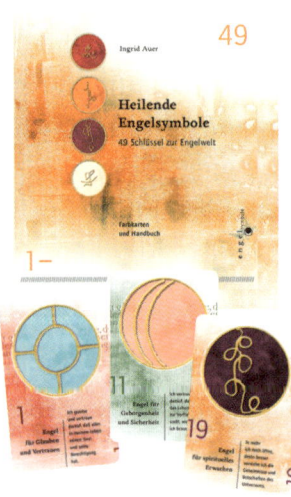

Ingrid Auer

Heilende Engelsymbole
49 Schlüssel zur Engelwelt

Einfühlsam und leicht verständlich ermöglichen die Engelkarten und das sehr ansprechend gestaltete Begleitbuch einen natürlichen, unbefangenen Zugang zur Engelwelt.
Alle, die Rat und Trost brauchen oder körperliche Beschwerden haben, können sich mit diesem Set die bezaubernde Engelwelt erschließen und deren Unterstützung nutzen. Die Engelsymbole verhelfen dazu, Blockaden im seelischen und körperlichen Bereich zu lösen und die Chakren sowie Wasser, Nahrungsmittel und vieles mehr zu energetisieren. Mit Hilfe der kraftvollen Symbolkarten lassen sich Fragen zu Themen wie Selbsterkenntnis, Lebensweg, Lernaufgabe, Vergangenheit – Gegenwart – Zukunft etc. beantworten. Sie dienen darüber hinaus als Tageskarten, als helfender Schutzkreis sowie zur Fernheilung und Meditation.

156 Seiten, gebunden, plus 49 vierfarbige Symbolkarten in Box · € [D] 29,00 · ISBN 978-3-89845-007-2

Elizabeth Clare Prophet

Die Violette Flamme

Heilung für Körper, Geist & Seele

Die Violette Flamme ist ein Licht, das allen Lebensformen dient und ihnen Achtung und Würde verleiht. Sie ist ein Mittel, sich untereinander zu verbinden und eine Form spiritueller Energie. Sie ist das Attribut des geheimnisvollen Grafen St. Germain, dessen Botschaften E. C. Prophet unter anderem channelt. Heiler und Alchemisten in aller Welt nutzen diese hochfrequente Energie, um Harmonie und Frieden in diese Zeit des spektakulären Übergangs in ein neues Bewusstsein zu bringen. Der Leser erhält in diesem Band unserer "Kleinen Reihe" das Rüstzeug, um mit der Violetten Flamme zu arbeiten.

128 Seiten, broschiert · € [D] 6,95 · ISBN 978-3-89845-089-8

Kurt Tepperwein

Dein Zahlenschlüssel

Durch diesen Zahlenschlüssel erfahren wir Entscheidendes über unsere Fähigkeiten und Eigenschaften, die wir aus früheren Leben mitgebracht haben, Interessantes über unseren »geheimen Persönlichkeitskern«, wir erkennen den Sinn unseres Lebens und unsere Hauptcharaktereigenschaften ... Wir haben so die Möglichkeit, unser Schicksal selbst zu gestalten und unsere Lebenssituation aktiv zu verbessern.

152 Seiten, broschiert · € [D] 6,95 · ISBN 978-3-89845-187-1

Elizabeth Clare Prophet & Mark L. Prophet

Saint Germain

Aus der Fülle schöpfen

Fülle ist mehr als nur Geld. Fülle bezeichnet den Energiefluss, der sowohl als spiritueller als auch als materieller Reichtum aus der kosmischen Quelle zu uns herabströmt. Fülle bedeutet Liebe und Weisheit, Talente und Fähigkeiten, Geld und materielle Besitztümer – all das, was wir benötigen, um unsere Lebensaufgabe zu erfüllen. Die Möglichkeiten, aus der Fülle zu schöpfen, sind unbegrenzt, und anhand der Anleitungen eines der größten Meister, St. Germain, und der einfachen, detailliert beschriebenen Techniken ist es auch Ihnen möglich, aus Ihrer persönlichen Alchemie der Fülle schöpfen zu können ...

152 Seiten, broschiert · € [D] 6,95 · ISBN 978-3-89845-250-2

Gabriele Köstinger

Numerologie

Die Wurzeln der Zahlenweisheit

Das Mysterium, das die Zahlen in sich bergen, ist seit Jahrtausenden Grundlage von Untersuchungen – hinter jeder Zahl verbirgt sich eine Wissenschaft. Bereits die Chaldäer, die Ägypter, die Essener und natürlich auch die alten Weisen der arabischen Welt waren Meister in der verborgenen Bedeutung der Zahlen.

Entdecken nun auch Sie diese einfache und doch so aussagekräftige Art der Charakter- und Schicksalsdeutung, um wichtige Erkenntnisse zu Ihren Fähigkeiten, Eigenschaften und Aufgaben in diesem Leben zu erhalten. Lüften Sie das Geheimnis Ihrer persönlichen Zahlen!

176 Seiten, broschiert · € (D) 6,95 · ISBN 978-3-89845-124-6

Franziska Krattinger

Pentagramm des Lebens

Das Leben verstehen – das Schicksal neu bestimmen

Die Pentagramm-Analyse nach F. Krattinger ist eine gänzlich neue Methode, um unsere wesentlichen Verhaltensweisen und deren Folgen für uns zu erkennen, die völlig ohne komplexe astrologische oder numerologische Berechnungen auskommt. Vielmehr handelt es sichhierbei um ein revolutionäres, auf dem Pentagramm basierendes Konzept, das dem Leser alles an die Hand gibt, was er wissen muss, um sein unbewusstes Programm umzuschreiben, die "schicksalhafte Fügung" aufzuknacken. Denn indem die Schattenwelt im Inneren durchdrungen wird, nehmen wir unser Schicksal endlich selbst in die Hand ...

528 Seiten, gebunden · € [D] 29,90 · ISBN 978-3-89845-075-1

Franziska Krattinger

Schaltworte

Schlüssel zu unserem Unterbewusstsein

Sind Sie bereit für das Wunder? Sie werden sich wahrlich wundern, denn schon ein Wort genügt, um das Wunder in Gang zu setzen… Spezielle Worte können gleichsam eine magische Wirkung haben, da sie die Schlüssel zu unserem Unterbewusstsein sind. Mit einem Wort öffnet sich die Türe zum wirklichen Geschehen, mit Code-Worten öffnet sich die Tür zur Schaltzentrale Ihrer Macht.

Schalten auch Sie einfach um – und beobachten Sie die Veränderungen in Ihrem täglichen Leben… Nutzen Sie diese Chance!

72 farbige Karten, in Stülpschachtel · € [D] 12,90 · ISBN 978-3-89845-199-4